Non è necessario che tu cambi niente di te stesso, non devi diventare qualcuno di diverso da quello che sei, soprattutto non è necessario che tu impari nulla di più di quello che sai già. Devi soltanto imparare ad Amarti a tal punto da essere finalmente Te Stesso con tutto Te Stesso! Farai venire a galla tutto ciò che già sai nella misura in cui ti sarà più utile.

Per questo ti consiglio di conservare solo il meglio di ciò che leggerai qui, di buttare tutto ciò che non ti è affine e di non credere a me senza verificare personalmente ciò che ti dico. Solo così troverai la tua Verità ed essa ti renderà sempre più libero!

Giovanna Garbuio
Vivek Riccardo Sardonè

LA PERFEZIONE DEL TUTTO

Il processo pratico per riconoscere la bellezza nella quotidianità

EDIZIONI
IL PUNTO
D'INCONTRO

Giovanna Garbuio e Vivek Riccardo Sardonè
La perfezione del Tutto

Prima edizione italiana pubblicata nell'ottobre 2018
Edizioni Il Punto d'Incontro, via Zamenhof 685, 36100 Vicenza, tel. 0444239189, fax 0444239266, www.edizionilpuntodincontro.it
Finito di stampare nell'ottobre 2018 presso LegoDigit, Lavis (TN)

ISBN 978-88-6820-549-2

Indice

L'Amore è l'energia di cui è formato l'Universo, perciò l'obiettivo di ogni vita individuale non può che essere, incarnare e manifestare consapevolmente l'Amore che energeticamente ognuno è, posto che tutto ciò che è incarnato è energia d'Amore.

Se l'individuo *sa* (conosce e ha metabolizzato) questa verità, non potrà che essere consapevole di avere tutto l'interesse a muoversi in allineamento (in accordo con le leggi universali che governano l'Universo) con l'espansione dell'Amore e che ogni mossa in attrito all'Amore, in contrasto con esso stesso è per prima cosa per lui controproducente.

Questo indipendentemente dal fatto che non senta di essere in Unità con il Tutto.

Non esiste un "metodo"! Il "metodo" Sono Io! È tutta questione di atteggiamento. Imparare a riconoscere **la perfezione del Tutto** e vivere in armonia e in allineamento con la perfezione che è la via. Riconoscere la perfezione, divenire consapevoli della perfezione, questo è il metodo, questa è la chiave, questo è il percorso da seguire. Non c'è altro. È davvero tutto qui. Poi che siamo anche tutti Maestri nell'ostacolare questa visione è anche vero! Ma nonostante continuiamo a ripeterci di no, il riconoscere la perfezione del Tutto è lo stato naturale dell'essere.

Aloha

A mia mamma

Ho scritto una lunga lettera, volevo pubblicarla ma senza ragione mi si è cancellata, vuol dire che era solo per te.

Parlava del mio ombelico e di quanto io lo guardi in modo diverso da quando te ne sei andata, parlava di quel lenzuolo bianco fresco dentro la carrozzina, parlava di come entrando in quella grande stanza io chiesi una madre bella, simpatica, molto amorevole e mi mostrarono te, parlava di quanto mi mancano le tue telefonate che ricevevo ogni giorno alle 13.30, parlava di quanto pesano le labbra quando mi trovo a scrivere di te, parlava di come si fa fatica a scrivere sentendo il naso che cola e poi alla fine diceva... non riesco più a scrivere, scusami, ora vado ma non metto il punto, metto solo una virgola,

Riccardo

Premessa

Affermare che ciò che è reale è la nostra interiorità e l'esteriorità è solo il suo riflesso, fuori da determinati ambienti, rischia, nella migliore delle ipotesi, di farci guardare con sospetto, fino al limite di farci prendere per pazzi scriteriati da chi non è mai riuscito a iniziare a comprendere il funzionamento della realtà.

Nella nostra esperienza diretta non esiste la consapevolezza di separazione tra soggetto sperimentante e oggetto sperimentato. La realtà, che ormai siamo abituati a considerare qualcosa lì fuori, in verità io la sperimento solo e soltanto dall'interno della mia coscienza, percependola attraverso la coscienza. Quella che definisco realtà è data da aspetti che io percepisco e quando li percepisco, lo faccio perché sono in verità caratteristiche interne alla mia coscienza. Conosco qualcosa solo attraverso la mia coscienza dentro di me, solo interiorizzandone (e quindi cogliendone l'unità con me) l'informazione.

Voi che state leggendo questo scritto ne percepite l'esistenza soltanto nel momento in cui le immagini delle parole su questo foglio diventano un'informazione che giunge alla vostra coscienza. L'idea che queste parole siano qualcosa di separato da voi è solo una convinzione intellettuale derivata dagli insegnamenti ricevuti da tutta la vita. Anche la fisicità del libro tra le vostre mani è qualcosa che percepite solo nel momento in cui l'informazione arriva alla vostra coscienza cioè diviene (o meglio è) Uno con voi. La vostra esperienza, qualunque esperienza, diviene reale solo quando si unisce alla coscienza, prima non esiste!

Se voi non foste coscienti di avere un libro tra le mani, per quel che ne sapete il libro potrebbe non esistere. La fisicità del libro vi deriva dal tatto ed è una sensazione elaborata dalla coscienza.

Il nostro obiettivo è tornare a riconoscerlo, divenire consapevoli di questo meccanismo intrinseco come lo eravamo in origine, comprenderlo con mente e cuore: perché ne faccio esperienza e sperimentandolo mi sento Uno, anche se inconsapevolmente e attraverso l'esperienza lo comprendo (prendo insieme -> capisco e sento).

Le filosofie orientali sanno da sempre – e da parecchio tempo lo condividono anche con noi occidentali – che tutto ciò che esiste è collegato e in connessione o, in "gergo tecnico", Tutto è Uno.

Per essere precisi anche noi occidentali eravamo al corrente di questa Verità da tempo immemore. Questo semplicemente perché entrambi, orientali e occidentali, siamo esseri umani e il tipo di esperienza che conduciamo in questa dimensione incarnata è simile.

Per l'essere umano il concetto di Unità (Tutto è Uno) è un concetto che deriva dall'esperienza.

I filosofi fin dalla nostra antichità ci ripetono che non esiste nessun io separato, circondato da un mondo fatto di oggetti *altro* da lui. Questa convinzione, che il mondo sia altro da me secondo la nostra filosofia antica e moderna è una distorsione percettiva alla quale via via ci siamo assuefatti. Ma è una distorsione che contraddice l'esperienza, in cui mi accorgo di qualcosa solo quando questo qualcosa diviene consapevolmente parte (Uno) della mia coscienza. Se non sono cosciente di ciò che accade, per me è come se non accadesse.

Nell'VIII secolo a.C. Omero descrive la realtà come "una sfera compatta dell'Essere" dove le emozioni interiori determinano i fatti esteriori:

> *Cantami o Diva del Pelide Achille l'ira funesta che infiniti addusse lutti agli Achei.*
>
> ira funesta -> lutti agli Achei

Nel VI secolo a.C., in tempi certamente non sospetti, Parmenide "*a cui la Dea permise di contemplare l'Essere nella sua perfetta Unità*", sosteneva che la molteplicità dipende dalla percezione di chi la vive e non ha una realtà intrinseca. L'Essere è Uno e la molteplicità è solo apparenza formale derivante dalla percezione dell'osservatore. Non esistendo nulla che possa essere definito duale (Tutto è Uno), è evidente che il soggetto conoscente e l'oggetto conosciuto sono la stessa cosa.

> *Infatti lo stesso è pensare ed essere.*

Questa la consapevolezza di Parmenide, filosofo greco nel 500 a.C.

Platone, a cavallo tra il 400 e il 300 a.C., con la sua "*dottrina dei due mondi*" ci descrive un mondo reale (regno delle idee) che si riflette illusoriamente nel mondo sensibile, rendendo evidente l'unità tra manifestazione e coscienza. Ci parla di una conoscenza confusa derivante dalla percezione limitata dai sensi fisici (*Aìsthesis*), e dell'intuizione mentale superiore (*Noésis*) che consente a chi la sperimenta di intravvedere l'unità archetipica delle cose.

Plotino nel III secolo d.C. manteneva ancora la stessa consapevolezza:

Al vivere è essenziale l'unità (...) Mentre l'artigiano costruisce l'uno a partire dai molti, cioè assemblando più parti tra loro, la natura sembra operare in senso inverso: da un principio semplice fa scaturire il molteplice.

Questo *Uno* per Plotino è l'Anima del mondo che è l'intelligenza presente in tutto ciò che è. L'Anima individualizzata è diretta alla contemplazione dell'Uno, per giungere alla quale è necessario sperimentare l'unità tra soggetto conoscente e oggetto conosciuto, dove Coscienza ed Essere sono la stessa cosa, sono Uno!

Cartesio per esempio, nell'era moderna, attraverso il dubbio radicale mette in discussione tutta l'esistenza della realtà "separata". Dubitando di tutto Cartesio giunge a un'unica certezza, la propria esistenza: Io Sono (*ergo Sum*)! E giunge a questa consapevolezza attraverso la pura esperienza, libera da qualunque sovrastruttura intellettuale.

La consapevolezza dell'Unità di tutto ciò che *è* appartiene alla filosofia occidentale, almeno tanto quanto a quella orientale, ma nel corso dei secoli le vicende storiche hanno coperto e modificato questa consapevolezza a vantaggio della gestione del potere. In Occidente l'analisi cosiddetta scientifica, la concentrazione e l'analisi particolareggiatissima della parte rispetto alla visione dell'intero, ha avuto il sopravvento. L'uomo occidentale ha sviluppato una maggiore capacità di concentrazione sul particolare, perdendo la capacità di visione dell'intero. La consapevolezza della realtà dell'Unità, dunque, nei secoli in Occidente si è perduta, ma oggi sta tornando in superficie anche in ambienti non iniziatici.

Anche la comunità scientifica infatti sta andando in questa direzione.

La cosiddetta teoria **olistica della realtà** si è sviluppata in campo scientifico partendo da due quesiti differenti le cui risposte portano nella medesima direzione. La prima domanda riguarda la *neurobiologia*, campo nel quale si è scoperto che i ricordi e le capacità mentali non sono localizzati in parti specifiche del cervello come si è sempre pensato. Infatti, in casi in cui parti del cervello (che si pensava avessero determinate funzioni) vengono asportate o cessano di funzionare (tumori, ictus, ischemie ecc.) le funzioni che svolgeva la parte di materia grigia mancante vengono svolte da altre parti del cervello in sostituzione. Le funzioni mentali dunque non sono localizzate, ma potenziali in tutto il cervello, quindi presenti almeno in potenza in ogni parte della materia grigia. Il quesito che ne deriva quindi è: cos'è che si trova allo stesso tempo in ogni punto e in nessun punto?

La seconda domanda riguarda il campo della *meccanica quantistica* e nel particolare il fenomeno oggi conosciuto come *entanglement* (aggrovigliamento), ossia il fenomeno della "non località". L'esperimento che ha portato a questa scoperta riguarda due particelle con un legame di partenza tra loro, per esempio la comune origine dal medesimo atomo radioattivo, che conservano l'istantanea influenza l'una sull'altra anche se posizionate a enorme distanza l'una dall'altra. Le particelle rimangono in correlazione tra loro a prescindere dallo spazio che le separa (non località). In un sistema quantistico analogo a quello descritto, la modifica su una particella si ripropone istantaneamente identica sull'altra a qualsiasi distanza le due particelle siano posizionate. E ancora una volta la domanda è: *cos'è che si trova contemporaneamente dappertutto e da nessuna parte?*

Attraverso l'approfondimento di questi studi Karl Pribram (neurobiologo) e David Bohm (fisico), hanno proposto la teoria secondo la quale il cervello umano e la realtà fisica avrebbero la stessa struttura di un ologramma. Un ologramma è un'immagine tridimensionale ottenuta attraverso la scomposizione di un raggio laser fatta riflettere su un oggetto. Tale riflessione poi impressiona una lastra fotografica. Un nuovo raggio proiettato attraverso la lastra impressionata realizzerà un'immagine tridimensionale così realistica da dare la sensazione che l'oggetto si trovi veramente nel punto in cui lo si vede. L'immagine tridimensionale tuttavia è il riflesso di un'immagine bidimensionale e quindi diversa da quella di arrivo (l'ologramma appunto). Pertanto l'immagine proiettata e l'immagine sulla pellicola (da cui l'immagine proiettata deriva) sono completamente diverse. Quella proiettata è tridimensionale quella sulla pellicola è un'immagine "astratta" realizzata dall'interferenza dei due raggi laser e incomprensibile a prima vista.

David Bohm ci suggerisce l'idea che, come in un ologramma dove l'immagine impressa nella pellicola origina l'immagine tridimensionale, così la nostra realtà ci appare esplicitamente (fuori), derivando da un ordine implicito (dentro) di leggi sottostanti. E Karl Pribram completa il discorso suggerendoci che il cervello interpreti "l'ordine implicito" all'interno della nostra mente, creando i fondamenti della realtà sensibile ed esplicitandola là fuori.

Un'altra caratteristica interessante dell'ologramma che i due scienziati usano nella loro teoria della realtà olografica è che dividendo in più parti la pellicola olografica e poi copiandola con un laser otterremo sempre l'immagine tridimensionale completa e questo indipendentemente da quanto piccolo sia il pezzo di pellicola da cui otteniamo l'immagine finale. Ogni singolo frammento conterrà sempre l'intera immagine, esattamente come, secondo Pribram, ogni parte di cervello contiene tutte le capacità mentali ed esattamente come nei sistemi quantistici in ogni punto è contenuta la totalità.

Tutto è Uno e **ogni cosa è il Tutto**. In un sistema di questo genere non sono reali né lo spazio né il tempo, ma sono solo caratteristiche dell'interpretazione. Questa teoria[1] non solo risponde ai quesiti che l'hanno originata, ma dà una spiegazione anche ai fenomeni paranormali, alla telepatia, alle coincidenze, alle sincronicità, alla capacità della mente di influenzare la materia ecc. che la scienza tradizionale finora non aveva mai considerato come fenomeni da prendere in considerazione.

Se Tutto è Uno non ha senso fare distinzioni tra questo e quello, ma tutto è fatto della stessa sostanza ed è regolato dalla medesima realtà sottostante.

Le molte cose che noi percepiamo lì fuori derivano dalla medesima sostanza dentro, dalla medesima coscienza che è Unica ed è l'unica cosa che realmente esiste.

---

1 Cfr. anche la recentissima ricerca internazionale condotta da Afshordi, Corianò, Delle Rose, Gould e Skenderis, pubblicata a gennaio 2017 sul numero 118 della rivista *Physical Review Letters*.

Cosa significa "Tutto è Uno"?[2]

Per la fisica quantistica "Tutto è Uno" significa che ogni singola particella di energia è coinvolta da una connessione indissolubile con qualsiasi altra particella esistente.[3] Sostanzialmente ogni singola parte di tutto quello che esiste è in tutti i luoghi simultaneamente e anche in diversi tempi contemporaneamente anche se apparentemente sembrano diverse e separate.

Per Giordano Bruno "Tutto è Uno" significa che c'è un'unica Forza, l'Amore, che lega e permea infiniti mondi e li rende vivi:

> *È dunque l'universo uno, infinito, inmobile. Una, dico, è la possibilità assoluta, uno l'atto, una la forma o Anima, una la materia o corpo, una la cosa, uno lo ente, uno il massimo e ottimo; il quale non deve posser essere compreso; e però infinibile e interminabile, e per tanto infinito e interminato, e per conseguenza inmobile.*
> *Se dunque il spirto, la Anima, la vita si ritrova in tutte le cose e, secondo certi gradi, empie tutta la materia; viene certamente a essere il vero atto e la vera forma de tutte le cose.*

---

2 Liberamente tratto e integrato da uno scritto di MadMacX https://it.answers.yahoo.com/question/index?qid=20110307134932AA5Pbep

3 Concetto di *entanglement*.

Per Ermete Trismegisto[4] Ἑρμῆς ὁ Τρισμέγιστος, "Tutto è Uno", significa che tutto ciò che è si ripropone formalmente diverso ma sostanzialmente identico a vari livelli: sopra e sotto, dentro e fuori, in dimensione amplificata o in scala ridotta.

Per Ra, entità multipla disincarnata (un complesso di memoria collettiva di sesta densità) che comunica all'umanità la "Legge dell'Uno", "Tutto è Uno" significa che tutte le cose sono Uno, non c'è polarità, non c'è giusto o sbagliato, non c'è disarmonia, ma solo identità. Tutto è Uno, e quell'Uno è Amore/Luce, Luce/Amore, l'Infinito Creatore.

Per la Bibbia "Tutto è Uno" significa che siamo fatti a immagine e somiglianza di "Dio". La stessa essenza originaria formalmente percepibile come diversa, ma fatta della stessa unica sostanza.

Per il Taoismo "Tutto è Uno" significa che il bianco contiene il nero e il nero contiene il bianco. Non esistono opposti, ma solo complementarità. Gli opposti sono diversità apparenti complementari e necessari alla realizzazione di un'unica realtà. Il simbolo del Tao rappresenta appunto l'illusorietà del dualismo.

Per la genetica "Tutto è Uno" significa che anche se ci sono sulla Terra più di sette miliardi di individui diversi e non ce n'è uno di identico all'altro, in verità esiste solo una tipologia di DNA che continua a mescolarsi tra tutti gli esseri umani.

Dal punto di vista del pensiero/emozione "Tutto è Uno" significa che la sostanza dei pensieri e delle emozioni è la stessa per tutti gli esseri umani, benché lo stesso pensiero identico possa far scaturire in due individui diversi emozioni opposte.

Per il Cristianesimo "Tutto è Uno" significa che "ogni cosa che avrete fatto al più piccolo dei miei fratelli, l'avrete fatta a me". Gesù stesso con queste parole ci trasmetteva il concet-

---

4 Noto anche come Toth.

to di unità e di connessione indissolubile tra tutti gli esseri.

Per la Legge dello Specchio "Tutto è Uno" significa che ogni cosa che vedo negli altri e nelle situazioni è un riflesso di qualcosa che mi riguarda a cui io non sto dando la necessaria attenzione. Ancora una volta la saggezza ancestrale ci ricorda l'indissolubile connessione tra tutto ciò che è.[5]

Per la Legge di Attrazione "Tutto è Uno" significa che io attraggo ciò che Sono, ancora in indissolubile connessione. Per sperimentare ciò che voglio, lo devo diventare.

Per l'effetto farfalla "Tutto è Uno" significa che il battito d'ali di una farfalla può provocare un uragano dall'altra parte del mondo. Un'azione all'apparenza insignificante può provocare effetti assolutamente inaspettati e imprevedibili proprio perché ogni movimento, anche il più piccolo, è connesso a ogni altra cosa, e se il movimento originario cambia l'effetto a catena cambia...

Per Rasha, canale spirituale i cui insegnamenti di carattere universale non rappresentano il credo di alcuna religione, movimento spirituale o maestro specifico, "Tutto è Uno" significa che siamo come una goccia d'acqua per l'oceano, siamo Uno con "l'oceano" e nell'oceano ritroviamo la nostra essenza, pur avendo e mantenendo la nostra identità e la percezione di noi stessi. Ogni essere è una parte dell'essenza divina con una coscienza e un'identità. Ognuno è un frammento della propria espressione dell'esperienza dell'Uno!

Per l'"Ellam Onru" testo anonimo del XIX secolo d.C., "Tutto è Uno" significa che

Il benessere che deriva dalla conoscenza che Tutto è Uno non può essere ottenuto per mezzo di una conoscenza

---

5 Approfondisci su *Gli specchi esseni*, di Giovanna Garbuio, Edizioni Il Punto d'Incontro, 2018.

frammentaria che separa le cose e gli esseri.
Colui che pensa: io sono separato, tu sei separato, egli è separato, si comporta in un certo modo verso se stesso e in maniera diversa verso gli altri. Non può evitarlo.
Al contrario, una persona che guarda a se stessa alla stessa maniera in cui guarda gli altri, e gli altri come guarda se stessa, non potrà che essere onesta e giusta. Quando mai il male potrà attaccarsi a colui che è consapevole che è uno con gli altri? Dimmi: esiste una via migliore verso il Bene se non la conoscenza dell'Unità?

Per la consapevolezza olistica "Tutto è Uno" significa che ogni essere può rendersi consapevole della propria Reale Identità quando osservatore, osservazione e osservato divengono esperienzialmente la stessa cosa dando origine a un livello di coscienza non descrivibile ma solo sperimentabile.

Per Rudi e Francesca[6] "Tutto è Uno" significa che l'Amore è la coscienza dell'Unità.

Per due amanti "Tutto è Uno" significa smarrire il senso di separazione sensoriale e sentimentale, ciò che rende felice te rende automaticamente felice me e viceversa.

Per Edmund Husserl "Tutto è Uno" significa che "La coscienza non è una cosa tra le cose, ma è l'orizzonte che contiene ogni cosa".

Per Neo significa che "la funzione dell'Eletto è quella di tornare alla Sorgente permettendo una temporanea distribuzione del codice di cui è portatore e il ripristino del programma originale".

Per Albert Einstein "Tutto è Uno" significa che "Tutto è energia e questo è tutto quello che esiste. Sintonizzati alla

---

6 Rodolfo Carone e Francesca Tuzzi, autori con Giovanna Garbuio di *Il viaggio di Maui, Le storie di Maui e Ho'omana.*

frequenza della realtà che desideri e non potrai fare a meno di ottenere quella realtà".

Per gli antichi Greci il "Tutto è Uno" è perfettamente racchiuso nell'esortazione dell'oracolo di Delfi "Uomo, conosci te stesso, e conoscerai l'universo e gli Dei".

Per l'essere umano "Tutto è Uno" significa che siamo in connessione unitaria spirito, sentimento e pensiero che insieme formano la nostra totalità. Siamo altresì in Unità con tutto il resto dell'Universo di cui ogni più piccola particella contribuisce a renderci singolarmente chi Siamo. Siamo un Tutto in costante connessione e in continua interazione, siamo fusione, siamo uno!

Ellam Onru,[7] Tutto è Uno

Tutto è Uno è forse la saggezza più antica dell'umanità e infatti è la consapevolezza comune a tutte le dottrine e le filosofie efficaci per il benessere dell'uomo dalla notte dei tempi.

Chiunque è cosciente della realtà è quella realtà. Anche chi non ne è cosciente è comunque quella realtà, ma siccome non lo sa per lui è come se non lo fosse.

I fenomeni diventano reali solo quando vengono percepiti dalla coscienza (che paradossalmente dal punto di vista umano, può anche essere inconsapevole). Di tutto ciò che è al di fuori della nostra coscienza non abbiamo alcuna esperienza, perciò per noi non esiste.

Tutto è Uno è un'affermazione che vorrebbe trasmetterci il concetto che non esiste differenza sostanziale (differenza di sostanza, di essenza) tra ciò che vediamo nel mondo "esteriore" e ciò che siamo nella nostra interiorità. È una consapevolezza che si espande in noi trasformandoci al punto da farci sperimentare l'identità, la corrispondenza completa, con l'Essenza divina.

All'inizio (e già parlare di inizio in una situazione di non spazio e non tempo la dice lunga sui limiti della descrizione linguistica) era l'Uno. L'Uno in quanto Essere, semplicemen-

7 Testo anonimo indiano del XIX secolo.

te era (o per meglio dire è). È sempre e ovunque (qui e ora in eterno), immobile e statico nel suo eterno e completo Essere.

Autocoscienza sempre uguale a se stessa e priva di qualunque tensione.

Nella sua staticità l'Essere non poteva che essere... quindi tecnicamente non poteva conoscersi, perché l'azione del conoscersi in quanto "azione" appunto implica una forma di movimento, di cambiamento a cui qualcosa che "È" non può sottostare.

Tuttavia, al colmo del paradosso, essendo coscienza doveva conoscersi e per conoscersi ha escogitato questo modo virtuale di frammentarsi (illusoriamente: la molteplicità sembra, ma non è) proiettando se stesso nell'asse della conoscenza, che è lo schermo dell'illusione e fare esperienza di se stesso... separato, molteplice e in movimento solo percettivamente, ma di fatto, in essenza sempre unitariamente Uno.

La molteplicità che noi esseri umani conosciamo (e di cui appunto facciamo esperienza come coscienza divina) è solo l'espediente che l'Unica Coscienza (di cui tutto, compresi noi, siamo parte olografica) ha realizzato per fare esperienza di sé.

Bello e brutto, buono e cattivo, giusto e sbagliato, bianco e nero, yin e yang... una continua danza degli opposti virtuale con l'unico scopo di riconoscere in essa l'Unità Reale di tutto ciò che è.

> *Questo è il gioco della vita: Tutto ciò che È sta giocando con se stesso per conoscersi.*[8]
>
> — Dario Canil

---

8 Dario Canil, *Avrah Ka Dabra. Creo la mia felicità*, Edizioni l'Età dell'Acquario, 2017.

Tutto è Uno non è solo una filosofia, ma è una vera e propria saggezza tra le più antiche della civiltà umana, fatta di conoscenza e sentire che in coerenza formano attraverso la nostra esperienza, la consapevolezza dell'Uomo. Un "sapere" che si conosce vivendo (sperimentando)!

> *Tutto quello che esiste, incluso il mondo che tu vedi, incluso tu stesso, testimone del mondo, Tutto è Uno.*
>
> — Ellam Onru 1.1

Il lavoro per raggiungere questa comprensione è tutto da fare sulla nostra percezione delle cose. La prima percezione limitata sulla quale dobbiamo lavorare è l'alterità, la sensazione di separazione tra me e l'altro, dove l'altro è tutto quello che mi "appare" come non-Io. È una distinzione illusoria, determinata dalla mia percezione limitata delle cose. Ogni altro è semplicemente un riflesso di ciò che Sono io. Se io sento di essere un corpo e una mente, sento che là fuori ci sono delle persone o delle situazioni verso cui è necessaria una mia azione. E la mia azione la sento come qualcosa che si rivolge al di fuori di me. Se invece so che tutto è Uno e io sono la coscienza Uno, non cambiano le mie azioni, che saranno condotte lo stesso, ma cambia il mio modo di intenderle e di percepirle, il mio modo di rapportarmi con esse. Quando so che non c'è un esterno indipendente, tutta la mia esperienza si amplifica. Qualunque azione è compiuta nell'*ora* ed è compiuta dentro la coscienza dell'adesso.

Anche questa è una consapevolezza antichissima e diffusa in tutto il pianeta, tanto che culture distantissime possiedono tutte parole che testimoniano la stessa identica conoscenza: Aloha, Namastè, In lak'ech, Kanyini, Ubuntu, Gassho, Sat nam, Wiracocha, Mitakuye Oyasin sono tutte parole che hanno lo stesso significato: Tu sei me, io sono te e riconosco il divino in me/te/noi. Io Sono perché Noi Siamo!

La natura umana calata nella molteplicità mi porta a fare esperienza dell'altro e della separazione del resto del creato da me, addirittura mi conduce a sentire separazione in me stesso (al punto che tanta letteratura e cultura new age diffondono la necessità dell'annientamento dell'ego attraverso la "demonizzazione" dello stesso), con lo scopo di riscoprire attraverso l'esperienza della molteplicità la realtà dell'Unità.

La via verso il riconoscimento dell'Unità passa attraverso l'integrazione di tutto ciò che è (ego compreso, con buona pace delle convinzioni new age). Unificazione intesa come liberazione dalla sensazione di molteplicità, come qualcosa di composto di elementi separati tra loro. Noi Siamo l'Esistenza Totale, che comprende tutto, anche l'ego, anche il corpo fisico, anche le emozioni... Quello che è fondamentale coltivare è la consapevolezza di questo errore percettivo.

Io *so* che Tutto è Uno e che l'Uno (Dio) è in tutto, anche se non mi sembra. Riconoscere la scintilla divina (Amore/Coscienza) in noi è ciò che ci permette di percepire la perfezione di ciò che *è* e di allinearci, anche percettivamente, al primordiale progetto cosmico dell'espansione dell'Amore che Sono e che Tutto è e che è Tutto. So di essere parte integrante e indispensabile del progetto e ne manifesto tangibilmente la gioia. Con questo atteggiamento e attraverso questa consapevolezza sono in grado di riportare tutta la molteplicità, ogni individuo "altro", ogni cosa, ogni situazione alla realtà dell'Uno: Tu sei me, io sono te e riconosco il divino in noi. La perfezione in azione verso l'espansione di sé.

> *Il benessere che deriva dalla conoscenza che "Tutto è Uno" non può essere ottenuto per mezzo di una conoscenza frammentaria che separa le cose e gli esseri.*
>
> — Ellam Onru 1.4

Colui che pensa "io sono separato", "tu sei separato", "egli è separato" ecc. si comporta in un certo modo verso se stesso e in maniera diversa verso gli altri. Non può evitarlo.

— Ellam Onru 1.6

Una persona che guarda a se stessa alla stessa maniera in cui guarda gli altri e gli altri come guarda se stessa, non potrà che essere onesta e giusta. Quando mai il male potrà attaccarsi a colui che è consapevole che è uno con gli altri? Dimmi: esiste una via migliore verso il Bene se non la conoscenza dell'Unità?

— Ellam Onru 1.8

Raggiungere la consapevolezza dell'Unità facendone esperienza (*l'Amore è l'esperienza dell'Unità*)[9] è l'opportunità di comprendere che all'interno dell'Uno ogni parte è perfetta e ha il suo preciso scopo evolutivo nell'espansione dell'Amore che l'Uno è. Questa comprensione (mente e cuore) ci porterà inevitabilmente ad abbandonare per sempre gli strumenti della competizione, della lotta, in cambio di quelli estremamente più efficaci per il benessere individuale e comune, che sono gli strumenti della collaborazione e della condivisione, che portano alla coesistenza armoniosa.

Tutto ciò che è ha origine e realizzazione nell'Uno, che è tutto quello che esiste di ogni forma e consistenza, compresi noi stessi.

L'Universo, di cui noi facciamo parte, è l'Uno che sperimenta eternamente se stesso e ognuno di noi è un'indivi-

9 Definizione insuperabile di Rodolfo Carone e Francesca Tuzzi (Gendai Reiki Italia).

dualizzazione dell'Uno, integrato eternamente e solo percettivamente (in questo sta l'illusione) separato dal Tutto.

L'Uno si manifesta costantemente con l'obiettivo di conoscersi, fare esperienza di sé, attraverso il *libero arbitrio* di cui tutto l'Universo è dotato. L'*Amore* di cui tutto l'Universo è impregnato si realizza attraverso la *Luce* (intesa proprio in senso fisico), dalla quale ha origine tutta la materia (energia/Luce densa), come testimonia anche la fisica quantistica.

> *Fai sì che siano tutti uno; e come tu, o Padre, sei in me e io sono in te, fai sì che anch'essi siano in noi, affinché il mondo creda che tu mi hai mandato. Io ho dato loro la gloria che tu hai data a me, affinché siano uno, come noi siamo uno; io in loro e tu in me, affinché siano perfetti nell'unità e affinché il mondo conosca che tu mi hai mandato, e che li hai Amati come hai Amato me.*
>
> — Giovanni 17:21-23

Tutto è Uno! In queste tre parole è condensata l'essenza dell'insegnamento più antico ed efficace che l'Uomo abbia ricevuto o realizzato! Esse rappresentano la consapevolezza che si trasforma quotidianamente in scelta di modo di vivere e di approcciarsi all'evolvere della nostra realtà. È una consapevolezza che diviene lo strumento più efficace verso la sperimentazione della gioia profonda che trasforma il nostro Essere. Si tratta di una prospettiva della Realtà che comprende tutti gli ambiti della vita ed è una prospettiva che ci troviamo a sperimentare continuamente... vivendo! Una sperimentazione che non possiamo realizzare per sentito dire, assimilando concetti che ci derivano da altri, da libri, da seminari o da confronti (che possono certamente essere utili come spunti), ma solo mettendoci in gioco in prima persona e osservando il nostro sentire legato all'agire e quindi all'Essere.

Tutto è Uno, l'Uno è Amore, perciò tutto è Amore che evolve espandendosi in direzione di se stesso! Questa è la base da cui non si può prescindere e da cui qualunque ragionamento deriva! L'Amore è tutto ciò che è ed è evidentemente l'unica Energia presente nell'Universo, tutto il resto (non c'è resto, se *tutto* è Amore) è in essenza questa energia che è Tutto.

Se tutto è Uno e l'Uno è Amore allora tutto è Amore che evolve in direzione di se stesso (in cosa potrebbe evolvere, se tutto è Amore? Non certo in qualcosa che non è). L'Amore è in definitiva dunque l'unica e la sola energia presente nell'Universo e permea di se stesso tutto ciò che è (Tutto è Amore). Se all'inizio di tutto ciò che noi conosciamo come reale c'è stata una causa scatenante, è chiaro e indiscutibile che tutto quello che è derivato da questo primo elemento causante è evoluto rimanendo in essenza la causa primordiale, fatto "della stessa sostanza del Padre", anche se percettivamente si presenta sotto diverse forme. Un po' come con il Lego possiamo costruire enormi città, tutte diverse, ma saranno sempre fatte di Lego e saranno comunque Lego (passatemi la banalità dell'esempio).

Se questa causa originaria è l'Amore, allora tutte le "città" che ne sono derivate saranno fatte d'Amore e saranno esse stesse Amore, anche se visivamente a noi che guardiamo (e che paradossalmente siamo anche noi fatti di Lego/Amore) non appare così evidente. Dato che l'Essenza dell'universo è Amore, ovviamente tutto quello che accade è Amore. Tutto è Uno, l'Uno è Amore, Tutto è Amore! E più ne sono consapevole, più facilmente entro in risonanza anche percettiva (cioè me ne rendo conto) con la vibrazione dell'Amore.

La diversità che percepiamo non è una differenza di essenza, ma di forma, una diversità di percezione della stessa essenza ed è diversa soltanto perché percepita da un osservatore che è sempre la causa prima (l'Essere), individualizzato nell'asse della conoscenza.

Ecco cosa significa Tutto è Uno: **Tutto è Uno perché dall'Uno tutto è**!

Se la causa prima è l'Amore, allora ciò che ne è derivato, i prodotti, i frutti, le conseguenze, le manifestazioni, gli effetti, i risultati (compresi dunque pensieri, emozioni, sensazioni, istinti e ispirazioni) rimarranno invariabilmente Amore. Molto semplice! Su questa consapevolezza si basa la comprensione di tutto il meccanismo nel quale siamo immersi. L'Amore è l'energia primordiale, originaria (Kumukahi per gli hawaiani), la causa prima da cui tutto deriva e in funzione e verso cui tutto si muove.

Dato perciò che l'Essenza dell'universo è Amore, ovviamente tutto quello che accade è Amore.

E precisamente in questo sta la **perfezione del Tutto**.

Tutto è Uno, l'Uno è Amore, Tutto è Amore che evolve in direzione di se stesso. Perciò io stessa, Riccardo e anche tu siamo Amore, sebbene qualcuno possa magari nutrire dei dubbi su di noi.

E la missione di nascita di ogni essere umano è per tutti quella di riconoscere, riscoprire, ricordare l'Essenza d'Amore di cui tutti siamo fatti. Riconoscere l'Amore in noi stessi e in tutto ciò che accade o è diventato il nostro scopo.

Questo è l'unico vero "atto di fede" che ci è richiesto: "credere" che l'Universo sia Amore e si muova evolvendo *sempre* in direzione dell'Amore. Ma è un atto di fede da compiere solo fino al momento in cui non ne troviamo prove a bizzeffe, osservando il procedere della nostra vita con cuore aperto e mente libera ed elastica. Perché l'atto di fede prevede il darsi la possibilità di dimostrarlo… altrimenti parliamo semplicemente di una cieca credenza, di un "dogma" che non ha nulla a che fare con la fede. Avere fede significa:

accettarlo con il proposito e la potenzialità di dimostrarselo.

Se ce ne convinciamo e continuiamo a mantenere un atteggiamento mentale aperto e flessibile, un po' alla volta cominceremo ad accorgerci della presenza dell'Amore, sotto forma di bellezza, di positività, di benessere, di bontà ecc. in ogni cosa e quindi a sperimentarlo.

> *È oltremodo meraviglioso stare bene. Ma è l'accorgertene che ti rende felice! L'Amore è in ogni cosa. Quando* ***sei sveglio*** *te ne accorgi!*
>
> — Dario Canil

E quando cominceremo a notarlo e a viverlo sarà il momento in cui vedremo cambiare tutto velocemente per il meglio nostro e di tutti quelli che ci circondano. A quel punto smetteremo di credere e cominceremo invece a *sapere*. Da qui non c'è più possibilità di regressione.

> *Da un certo punto in avanti non c'è più modo di tornare indietro. È quello il punto al quale si deve arrivare.*
>
> — Franz Kafka

E la cosa fantastica è che più siamo consapevoli di come stanno le cose e di qual è il meccanismo che le regola, più facilmente entriamo in risonanza anche percettiva (cioè ce ne rendiamo conto) con la vibrazione dell'Amore, ne godiamo, la viviamo e ci accorgiamo di manifestarla nella nostra vita.

Tutto è Uno! E così è.

Il sognatore risiede là dove non esiste la dualità, al di là del centro di creazione, nella beatitudine sempre nuova. Nuotiamo nel sogno di Dio sognando, siamo Uno con lui. Siamo come arcobaleni, effetti ottici che non sanno di esserlo, siamo estensioni a cui è dato il dono di dipingere, figli e madri di un arcobaleno circolare che penetra i limiti illusori per riabbracciare l'inizio e la fine. Siamo così speciali da riuscire ad afferrare questo, mentre scrivo queste parole mi accorgo di me, sconfinato essere raccolto in parte in questo corpo e in parte nell'Universo.

Il sogno di Kanaloa[10]

Ecco come tutto è cominciato...

Tanto tempo fa, molto ma molto prima del capitano Cook, in Lanikeha (il *paradiso* per gli hawaiani), un posto a noi vicino e lontano, fuori dallo spazio e fuori dal tempo, il dio Kanaloa si addormentò e cominciò a sognare. Kanaloa sognava di essere Maui, che nella sua terra in Hawaii, tra cielo, mare e spiagge incontaminate, viveva la sua vita densa di avventure e piena di affetti.

Nel sogno sperimentava i suoi sentimenti, le sue gioie e i suoi dolori, le sue soddisfazioni e le sue delusioni.

Kanaloa, sognando di essere Maui, sperimentava l'entusiasmo di affrontare una nuova avventura, la trepidazione, l'incertezza e la meraviglia dell'innamoramento per Hina, l'affetto e la complicità con i suoi fratelli.

Kanaloa, sognando di essere Maui, viveva e comprendeva lo stimolo emotivo che ogni nuova sfida portava con sé.

Kanaloa, sognando di essere Maui, capiva cosa significasse avere una moglie come Hina, cosa significasse essere padre, immedesimandosi in Maui mentre accudiva i suoi figli.

Kanaloa, sognando di essere Maui, comprendeva cosa significasse essere fratello, vivendo le avventure che Maui

---

10 Racconto già pubblicato in *Le storie di Maui: 111 gradini per la felicità*, di Giovanna Garbuio, Rodolfo Carone e Francesca Tuzzi, Edizioni l'Età dell'Acquario.

condivideva con i suoi fratelli.

Kanaloa, sognando di essere Maui, capiva cosa volesse dire avere dei nemici, sperimentando l'angoscia che questo di solito genera.

Perché Kanaloa, sognando di essere Maui, era Maui nel sogno di Kanaloa e viveva tutte le emozioni che Maui sperimentava vivendo. Nel sogno, ogni cosa presente era in essenza la coscienza del sognante Kanaloa.

Ma pur essendo tutto in essenza la coscienza di Kanaloa, Kanaloa si identificava solo in Maui e viveva tutto il resto come un riflesso dell'interiorità di Maui.

Quindi Maui era Kanaloa e Kanaloa era Maui.

Anche tutto il resto non era altro che la coscienza di Kanaloa che veniva creato attraverso la sua identificazione in Maui, perché la coscienza di Kanaloa era ogni singolo atomo di tutto il suo sogno, sebbene lui fosse consapevole di essere solo Maui.

Perciò, anche se tutta la realtà del sogno era la coscienza di Kanaloa, Kanaloa poteva vivere l'esperienza sognata solo dalla prospettiva di Maui, non da quella degli altri, anche se tutti gli altri in fondo erano una creazione della sua coscienza.

Nel sogno, Kanaloa si sentiva Maui e si percepiva separato dagli altri, perché non poteva conoscere la prospettiva degli altri, né i loro sentimenti, né i loro pensieri, né tantomeno aveva potere sulle loro mosse, nonostante gli altri fossero parte della sua coscienza.

Poiché in Lanikea non esisteva spazio e non esisteva tempo, Kanaloa si addormentava anche altre volte e, contemporaneamente (nell'eterno momento di ora) a questo sogno, ne sognava molti altri. Sognava di essere Hina, sognava di essere uno per uno i fratelli di Maui, sognava di essere ogni singolo amico e nemico di Maui, sognava di essere la spiaggia, il sole, il cielo… e in ogni sogno si immedesimava (si individualizzava) in un nuovo protagonista della storia, divenendo la coscienza del nuovo protagonista e riflettendo nella realtà del nuovo personaggio tutto ciò che lo rappresentava, incastrandosi magistralmente con ogni altro sogno contemporaneo.

Maui, dal canto suo, viveva la sua vita (il sogno di Kanaloa) e, attraverso le sfide che quotidianamente affrontava, comprendeva sempre meglio se stesso, vedendo in tutta la sua realtà un riflesso della propria interiorità.

Maui, come sappiamo, era un semidio e tra le sue molte doti c'era quella dell'introspezione. Osservando l'evolvere della sua realtà e mettendo in collegamento i suoi stati d'animo con ciò che si materializzava nel quotidiano, cominciava a comprendere che ciò che lui vedeva e viveva non era altro che la manifestazione della sua coscienza.

Maui comprendeva che la sua realtà era l'illusione di una coscienza oltre la sua, ma di cui allo stesso tempo la sua faceva parte. Tutto ciò che lui viveva non era oggettivo, ma dipendeva dalla sua presenza in un sogno sognato dalla sua coscienza.

Maui decise allora di svegliarsi dal sogno e comprendere la sua coscienza! Ma comprese che questo era impossibile, perché non era lui a sognare, bensì Kanaloa che stava sognando di essere Maui.

Maui non poteva svegliarsi, come non poteva farlo nessun altro protagonista di tutti gli altri sogni di Kanaloa.

L'unico in grado era Kanaloa, che se l'avesse fatto, però, avrebbe distrutto ogni altro sogno e non avrebbe più potuto sperimentare la possibilità di capire cosa significa vivere, amare, essere…

L'unica cosa efficace che Kanaloa poteva fare per non distruggere tutto era continuare a conoscersi, non smettendo di sognare, ma facendolo in modo consapevole nella maniera che in molti chiamano *sogno lucido*.

Maui e tutti gli altri protagonisti del suo sogno potevano

aiutarlo, essendo loro stessi individualizzazioni di Kanaloa.

Più Maui fosse stato centrato e in armonia con se stesso e con la sua realtà, più sarebbe stato consapevole di essere la coscienza di Kanaloa e questo avrebbe contribuito alla realizzazione del sogno lucido di Kanaloa.

Nel sogno lucido di Kanaola, Maui avrebbe continuato a essere Maui, ma sapendo di essere Kanaloa.

Kanaloa e Maui erano la stessa cosa, la stessa coscienza, la coscienza che creava il sogno.

E noi sappiamo che questa storia è vera, perché anche noi siamo il protagonista di un sogno di Kanaloa. Proviamo a concentrarci sul nostro *esserci* e, un passo alla volta, lo scopriremo!

Mamma dove sei finita?

Mamma dove sei finita?

Sussurrai queste parole asciugando le mie lacrime.

Le prime notti dopo la trasmutazione della mia mamma furono dure. Mi ritrovavo spesso a pensare che lei fosse vicinissima a me, agitavo le mani nella speranza di sentire la sua presenza, ma non avvertivo nulla di denso, eppure sentivo una leggera brezza fresca sul mio viso, forse una sua carezza? Sapevo per certo che la vita non poteva finire, non poteva esistere solo sotto forma di coscienza mortale, ci doveva essere ben altro. Avevo affrontato diversi studi i quali mi parlavano della possibilità di un piano astrale anche comunemente definito il "Paradiso per le anime terrene".

Tutte le religioni che avevo incontrato parlavano di un posto migliore, molto più felice, pieno di colori.

Tutto questo credere, tutto questo approfondire e cercare… eppure proprio non riuscivo a intravedere la perfezione del creato in questo disegno che da tempo chiamavo la Perfezione del Tutto. Comprendere in profondità come un'anima potesse essere felice di lasciare i suoi cari? Per volare in un posto forse più accogliente e luminoso? Senza di noi? Proprio non riuscivo, eppure avevo la percezione di sentire che l'anima della mia amata mamma fosse felice.

Avevo letto una frase tempo prima che diceva circa così: *"Quando noi nasciamo tutti sorridono e festeggiano mentre noi piangiamo, quando noi moriamo tutti piangono mentre noi ridiamo e festeggiamo!"*.

Poteva essere realmente così? Noi tutti qui a trattenere fiumi di lacrime per mostrarci forti e lei in festa altrove? Magari ad abbracciare una sua nuova famiglia astrale?

Mi sono sempre chiesto cosa ci riporti a vivere continuamente questi viaggi turistici sulla terra se si sta così tanto bene in Paradiso. Credo che la risposta risieda nel concetto di karma, cioè il bisogno di soddisfare i nostri desideri e liberarci dai vari attaccamenti. Sono stufo di pensare e di trovare scuse o spiegazioni, vorrei solo capire come stanno le cose una volta per tutte. Vorrei realmente vedere la perfezione in ogni cosa, e anche quindi nella morte della mia dolce mamma.

Partiamo con una grande verità: noi siamo esseri spirituali che sono venuti a fare un'esperienza corporea, siamo *anime*, siamo solo anime e quello che indossiamo è un perfetto vestito chiamato corpo, perfettamente tessuto e inghirlandato con tutti gli accessori necessari per portare avanti la nostra missione di vita. Quando non siamo più in grado di attingere e quindi assorbire lezioni che possano portare avanti il nostro apprendimento e quindi la nostra evoluzione, eccoci pronti a tornare a casa, per poi rivestire un altro corpo e tornare sulla terra o altrove.

In questa ricerca sento la necessità di concentrarmi sull'anima, se voglio riuscire almeno a percepire la Perfezione del Tutto. Questo libro è stato scritto per diverse ragioni, ma per quanto mi riguarda in modo particolare per il bisogno di sentirmi vicino a mia mamma. Quindi visto che queste parole arriveranno a molte persone, nella mia profonda intimità vorrei che sapeste che sto cercando di farvi vivere tutti questi miei pensieri e questa mia grande ricerca nel vedere la perfezione in ogni cosa con la speranza di poter aiutare anche qualcuno di voi.

Mi è stato insegnato che Dio è Coscienza Cosmica che si è addensata in Coscienza Cristica, per poi diventare coscienza mortale. Accidenti, quanto odio scrivere "mortale" e quanto odio questo mio senso di vedere tutto come eterno. Quindi immagino il nostro percorso sia quello di tornare nel Creatore, nella Coscienza Cosmica. Ma tra me e la Coscienza Cosmica, che sta al di là del centro di creazione, che è al di là della vibrazione e del mondo duale, dove può essere la mia mamma?

Ho studiato che il mondo astrale è accanto a noi, mi hanno detto che la mia mamma non è mai più lontana di un braccio da me. Anche adesso, mentre sto scrivendo, lei è qui accanto a me? Credo che il suo amore sia al mio fianco, ma credo anche che come anima io conosca solo una parte individualizzata della sua anima e che anche se mi è vicina, in realtà, per il principio che un'anima può vivere molte vite contemporaneamente, sicuramente sta continuando il suo viaggio. Non posso essere egoista, non posso pretendere che una mamma così meravigliosa possa essere solo mia, è giusto che altre anime possano vivere la sua dolcezza e le sue attenzioni. Quanto è difficile dire alla gente: "Mia mamma è morta", quando in realtà io non credo sia realmente morta, ma semplicemente rinata altrove.

Gesù disse: "*Lasciate che i morti seppelliscano i morti*". Gesù ci chiamava morti perché sapeva benissimo che questa era la morte e che la vita è quella che noi chiamiamo morte. Esattamente l'opposto di quello che la maggior parte della gente crede. Aggiungo anche che nel Vangelo di Tommaso Gesù disse: "*Voi continuate a dire 'riposino in pace', quando in realtà sono già rinati*".

Riesaminiamo e mettiamolo in maniera semplice: la vita inizia dopo la morte e se non abbiamo terminato il nostro infinito "vai e vieni" torniamo alla morte, cioè alla vita, in uno dei tanti mondi disponibili. Non è esattamente così. La vita è la Vita ovunque, anche in questa coscienza mortale limitata dai sensi nella quale stiamo vivendo. Ho usato appositamente la parola "mondi" perché in realtà è letteralmente come se vivessimo tutte le nostre vite (sarebbe meglio chiamarle esperienze) nello stesso momento in dimensioni parallele. Da qui a me tocca il compito di informare, per chi non lo sapesse, che il tempo non esiste. Cercherò di approfondire con delicatezza questo argomento: quando noi moriamo, non andiamo in paradiso a passare un periodo di relax con tanto di massaggi e aperitivi, a goderci il meritato riposo. Il paradiso è anche quello che noi stiamo vivendo in questo momento e quindi ovviamente non perdiamo la nostra individualizzazione spirituale e neanche annulliamo il nostro cosiddetto karma ovunque andiamo. Ci trasferiamo semplicemente in altro luogo per eventualmente liberarcene. Vedo già chi borbotta: sì, noi possiamo vivere il paradiso anche sulla terra, possiamo con grande volontà agganciare il nostro amo frequenziale alla frequenza di Dio e vivere nella gioia e nell'Amore. Noi siamo creatori, tolta la nostra missione di vita, la quale ci guida nella crescita, con tanto di memorie condivise che si schiudono. Colgo l'occasione per ringraziare il mio amato bambino interiore, il quale viaggia con me da sempre ricordando a me stesso che la sua prima direttiva è quella di farci crescere. A noi è data la possibilità di creare il mondo come noi lo desideriamo.

Proprio mentre scrivo queste parole, due farfalle bianche sono volate accanto a me. Le prendo come un segnale di incoraggiamento e spingo l'acceleratore tornando a parlare del viaggio dell'anima… Il tunnel di luce e le persone amate che non sono più con noi ma che vengono a incontrarci sono solo una nostra immaginazione? La risposta è no. Esistono, le loro energie sono sempre vicine a noi, *mai più lontane di un braccio* e ovviamente l'unica ragione per la quale accorrono a sostenerci nel nostro ennesimo passaggio è per aiutarci a liberarci dalla paura dal nuovo non nuovo. Siamo viaggiatori abituali ricordate? I nostri cari, dopo averci abbracciato, ci portano mano nella mano dentro una luce meravigliosa, dove dissolvendoci letteralmente mentre guardiamo i loro sorrisi entriamo percettivamente a far parte del Tutto (perché noi Siamo comunque sempre parte del Tutto). A questo punto ogni memoria è svelata e mentre questo accade, un'infinità di anime che ci hanno amato nelle vite precedenti arriva a risalutarci. Sì ho usato per bene questa parola, "risalutarci". Siamo finalmente tornati a casa. Siamo Vivi.

È tempo che tutte le energie si fondano e che assaporiamo il Tutt'Uno… ed ecco che sono passate ancora le due farfalle, giuro! Spingo l'acceleratore… e di fare tutti i bilanciamenti karmici. Il suono dell'OM si fa sempre più forte e pian piano iniziamo a riemergere da questa energia di Amore totale e veniamo letteralmente trascinati nel mondo astrale comunemente chiamato "Paradiso".

Mi piace definire il passaggio tra la vita e l'astrale come *il grande abbraccio*. In questo momento particolare torniamo nell'assoluto ad abbracciare la coscienza dell'anima, il superconscio (l'Aumakua), per poi venire richiamati nel paradiso astrale con la nostra borsa, con tanto di ego.

Scusate, forse credevate che l'ego fosse solo qualcosa che indossiamo dopo essere tornati nella forma che conosciamo meglio, la coscienza mortale… assolutamente no! Esso viaggia con noi da sempre sia nel paradiso astrale che in quello causale, che è semplicemente il viaggio prossimo per i residenti fissi del piano astrale.

Ricapitolando: morendo andiamo in astrale fino a quando non ci liberiamo del karma che ci trattiene in questo modo materiale, per poi diventare residenti fissi nel paradiso astrale.

I residenti fissi a loro volta "morendo" vanno nel paradiso causale, fino a quando diventano residenti di questo nuovo piano, per poi come sicuramente avrete intuito giungere nella dimora del sognatore, cioè Dio, e unirsi a lui, abbandonare definitivamente l'individualizzazione spirituale e l'ego per fondersi e unirsi nell'Amore e la gioia sempre nuova.

Torniamo a noi comuni mortali (come ci calza a pennello questo nome!): eccoci in astrale belli, felici e beati. All'improvviso veniamo richiamati dal nostro karma, potrei anche dire dai desideri e dal bisogno di evolvere, per prendere la cittadinanza definitiva paradisiaca con tanto di permesso di soggiorno definitivo. Ecco sopraggiungere la morte astrale... si muore anche lì, anche se con una consapevolezza ben diversa! Ci ritroviamo all'improvviso in una grande stanza, dove scegliamo i nostri genitori, dove nascere, il nostro corpo, il nostro nome e molto altro!

Conosciamo la nostra missione da portare avanti in questa nuova vita? Assolutamente sì, ma una volta arrivati a destinazione ce la dimenticheremo!

Eccoci pronti agli ultimi saluti nella grande stanza della creazione, la polarizzazione creata dall'unione dei nostri genitori suona i tamburi e noi siamo pronti a tornare nella coscienza mortale. Ultimi convenevoli ed eccoci saltare nel lampo della creazione, qualche sgomitata con qualche anima ed eccoci tornati nella vita duale. Primo schiaffo sul sederino per equilibrare qualche debito karmico con chi ci ha fatto nascere, primo pianto per aver lasciato il mondo astrale ed eccoci accolti dalla nostra nuova mamma.

Sapete, raccontare questa storia mi ha fatto stare bene, immagino mia mamma con la sua nuova mamma... non so più aggiungere parole se non sorridere, mentre gli occhi si appannano di lacrime.

Kumukahi - Unica Fonte

di Maka'ala Yates[11]

La traduzione letterale di Kumukahi è "*Unica fonte*" o "*Fonte originaria*". Io uso questo termine frequentemente quando parlo di spiritualità hawaiana.

Ci sono altri termini nella lingua hawaiana che possono essere utilizzati per descrivere l'onnipresenza, il divino, la Coscienza, Dio ecc.

Gli altri due principali sono "I" (pronunciato "ii") e "Akua". Dei tre, Akua è il termine più comunemente usato nelle Hawaii moderne per descrivere la Fonte. Tuttavia, si riferisce quasi sempre al Dio derivato dal sistema della fede cristiana. Questo perché quando i cristiani (i protestanti prima, seguiti poi dai cattolici) sono arrivati alle Hawaii avevano bisogno di una descrizione per la loro interpretazione di Dio. Anche se ne sono stati suggeriti molti, insieme alla spiegazione dettagliata dei significati complessi, è stato scelto Akua. La versione cristiana della sua interpretazione è stata quindi sviluppata per soddisfare le esigenze della loro dottrina. Questa

11 Maka'ala Yates è un Kanaka Maoli (nativo hawaiano) specializzato in medicina hawaiana. Pratica e insegna i concetti di guarigione hawaiana, tra cui l'Ho'oponopono, da oltre 25 anni ed è il fondatore di Botaniche Autoctone e Mana Lomi®. Ha ricevuto il Premio Kaonohi Award nel 2005 dallo Stato di Hawaii per la sua eccellenza nella medicina hawaiana e nel supporto comunitario. Ministro della Salute del recentemente ristabilito Regno polinesiano di Atooi (www.atooination.com).

interpretazione vale oggi per la maggior parte degli hawaiani.

Quando sono in Hawaii (o in qualsiasi altro posto al mondo in verità) e devo parlare o tenere delle lezioni su un argomento particolare, è fondamentale che io sia in grado di comunicare da una piattaforma neutrale. Lo faccio (in particolare quando parlo con qualcuno proveniente da un'altra cultura) in modo che il dialogo rimanga aperto, senza conflitti o incomprensioni.

Questo è particolarmente importante quando parlo agli hawaiani Kanaka Maoli (nativi), perché molti di loro hanno un'educazione cristiana. Per esempio, quando descrivo il potere di guarigione dello spirito che esiste in tutti noi e l'importanza del collegamento con Akua in confronto a Kumukahi, coloro che seguono pedissequamente la dottrina cristiana si riferiscono automaticamente all'interpretazione del significato del divino proposto dalla Chiesa, significato che a mio avviso deriva da un sistema gerarchico di sottomissione e dipendenza verso la Chiesa, indispensabile, in quella visione, per raggiungere Dio.

Pregando Dio, è possibile ricevere tutto quello che si vuole, purché Dio lo permetta. Il potere di guarigione si ottiene solo da Dio (fuori di sé) e solo se si dà vita a "Lui" (secondo la Chiesa).

Al contrario, quando uso il termine Kumukahi, la maggior parte dei nativi accoglie la mia interpretazione in base alla consapevolezza della materia nella visione hawaiana. Mantiene la mente aperta, si dà la possibilità di riconoscere qualcosa a cui non aveva pensato riguardo alla realizzazione del mondo in cui viviamo.

Il concetto hawaiano di Kumukahi riguarda l'universo e la nostra funzione al suo interno e ha una prospettiva completamente diversa rispetto a quella delle visioni religiose o scientifiche moderne occidentali.

Concentrare la nostra attenzione all'interno per trovare risposte o essere auto-consapevoli, cioè manifestare la propria capacità di riarmonizzazione (guarigione), è la chiave per sbloccare il potenziale di ricchezza dell'Universo. Noi siamo parte dell'Universo e siamo costantemente connessi all'Universo, pertanto abbiamo continuamente accesso alle sue risorse illimitate.

Essendo io cresciuto a Kona, in Hawaii, mi sono state proposte due versioni differenti dell'Universo e della nostra connessione a esso.

Al liceo, avevamo un plastico del sistema solare con una manovella su un'estremità e quando la si girava i pianeti ruotavano intorno al Sole, mentre la Luna ruotava intorno alla Terra. Tutti questi movimenti si manifestavano in una posizione stazionaria nel nostro Universo. Ci è stato anche insegnato che nell'Universo ci sono pianeti, stelle, sistemi stellari, sistemi solari, la Via Lattea ecc. e tra loro esiste uno spazio (vuoto).

Più tardi nella vita, man mano che studiavo sempre più profondamente la filosofia di guarigione hawaiana (la'au Lapa'au), mi si è presentata una visione diversa del nostro rapporto con l'Universo.

Lo spazio è in realtà materia che ha funzione e intelligenza, che collega tutte le cose nel nostro universo. È interessante notare che i fisici oggi stanno dimostrando che questo è vero. Imparare a essere consapevoli di questa connessione ci permette di accedere all'illimitato potenziale di manifestazione creativa.

Il nostro sistema solare in realtà non è fermo in un punto, ma viaggia a un'incredibile velocità attraverso lo "spazio". Lo slancio in avanti del Sole in combinazione con il movimento di rotazione dei pianeti crea un'onda a elica in qualche modo simile ai nostri filamenti di DNA.

Tutte queste conoscenze dipingono un quadro del tutto diverso rispetto alle potenzialità limitate che crediamo di possedere come razza umana, che ci mostra invece come il vero potere lo abbiamo dentro di noi. Il nostro mondo è qualcosa di più di un uomo seduto in cielo che osserva dall'alto in basso le persone giudicando i loro movimenti e le loro azioni.

Quando sento divulgatori Kanaka Maoli o altro che parlano degli aspetti della lingua o degli insegnamenti della cultura hawaiana riferendosi ad Akua come fonte originaria, di solito mi accorgo che i loro ragionamenti sono basati su punti di riferimento cristiani.

Possono anche abbellire le informazioni, facendo credere che siano "veramente hawaiane" sostenendo che sono informazioni tramandate (anche manipolando le informazioni stesse), ma ciò non significa che tali divulgatori abbiano compreso l'intento originale alla base degli insegnamenti di cui ostentatamente parlano.

Vivere e agire con la comprensione consapevole della cultura hawaiana originale e della sua lingua fa una differenza enorme.

Nel tuo contatto interiore con Kumukahi troverai la memoria e l'esperienza di tutte le tue vite. La tua consapevolezza si risveglia.

La meditazione può condurti a ricordare che non sei mortale e che sei tutt'Uno con Kumukahi. Se non mediti, pensi di essere mortale, ma nella meditazione è vero l'opposto. Meditazione significa lasciar andare la consapevolezza del corpo fisico ricordando chi Sei in realtà e, quando esci dalla meditazione, sarai più capace di controllare il tuo corpo fisico.

Quando la mente pensa al corpo, viene limitata da esso. Quando la mente medita costantemente sull'infinito, diventa illimitata. La meditazione è l'arte di trasferire l'attenzione dalle cose finite all'infinito. Significa pensare costantemente allo spazio infinito dentro di noi e fuori, così che l'Anima possa lasciar andare i suoi attaccamenti alla limitata sfera fisica.

Lasciar andare le limitazioni porta a ricordare che il nostro Sé cosmico è parte di Kumukahi. Pensalo in questi termini: Kumukahi è l'Oceano dello Spirito e la tua Anima è l'onda di quell'oceano. L'Oceano dello Spirito sa di avere molte Anime-onda, ma ogni Anima-onda deve/può ricordare, di essere Oceano dello Spirito. Ogni piccola Anima-onda deve lasciar andare la sua percezione di essere separata dal tutto e infinitamente piccola.

Concentrati sul vasto universo come grande corpo del quale il corpo fisico è solo una minuscola parte.

Maka'ala Yates

Non ci sei che tu[12]

Tanto tempo fa in Polinesia, molto ma molto prima del capitano Cook, dopo mille avventure, viaggi, incontri, tra cui quello con la sua morte, Maui arrivò nel regno di Kane, la grande divinità suprema.

Maui si guardò attorno e rimase stupito dalla bellezza di ciò che percepivano i suoi occhi. Tutto era avvolto da una luce calda e suadente e in sottofondo si poteva udire un suono, un canto primordiale, che gli faceva vibrare il cuore, dandogli una sensazione di pace e di amore.

All'improvviso comparve Kane e Maui lo salutò inchinandosi.

Poi, dopo un attimo di esitazione, si rivolse alla grande divinità e disse: "Kane, non fraintendermi, io qui mi trovo bene e tutto è davvero molto bello. Ma ho solo una domanda da porti. Dove sono tutti gli altri? Tutti coloro che ho incontrato nella mia vita, ma anche quelli che non ho mai avuto occasione di vedere, tutti quelli che ho amato, quelli che ho odiato, quelli che ho solo sfiorato o ignorato, i miei famigliari, i miei amici, i miei nemici. Perché non vedo nessuno?".

E Kane rispose con un luminoso sorriso: "Oh, Maui, davvero non lo hai capito? Non c'è mai stato nessun altro. Ci sei sempre stato soltanto TU!".

---

12 Racconto già pubblicato in *Le storie di Maui: 111 gradini per la felicità*, di G. Garbuio, R. Carone e F. Tuzzi, Edizioni l'Età dell'Acquario.

Chi sono io?

Se paragoniamo la vita a un film, io sarò colui il quale ha pensato e progettato il film con la sua trama, i suoi contenuti e i suoi continui colpi di scena. Sono colui che ha pensato e scritto i ruoli di tutti gli attori. Sono lo scenografo, il produttore e il regista. Ogni singolo fotogramma dipende da una decisione che io ho preso nell'arco della realizzazione del film, in ogni singolo ambito.

Inoltre in questo paragone io sono certa dell'enorme valore artistico del mio film e dell'enorme successo che avrà, fin da quando è nata in me la prima ispirazione a realizzarlo.

In questo film, poi, io sono l'attore che impersona tutti i ruoli e fa esperienza di ogni singola scena in tutte le sue sfaccettature.

Non nutro alcun interesse nel progredire delle singole vicende di ogni personaggio, non mi interessa che le cose vadano specificatamente in un modo o nell'altro, non do alcun valore a che vengano soddisfatti gli interessi di uno al posto di quelli di un altro. Ciò che mi sta a cuore è la visione d'insieme, le emozioni che il film nella sua globalità può suscitare negli spettatori... che sono sempre Io!

Perché sono solo e sempre Io tutto in tutti.

Come potrei fare davvero esperienza coinvolgente di tutto questo se non scordandomi di essere sempre Io in ogni ruolo e ambito?

Se la dimenticanza però diventerà "*troppo*" profonda mi ritroverei prigioniero di ogni singolo ruolo, inconsapevole del fatto che è un film, che sono sempre io che interagisco con tutto e che in più ho progettato tutto io e in ogni momento potrei modificarlo, se questo fosse utile a "migliorare" il film nella sua globalità.

Mi identificherei con ogni singolo attore dimenticando la mia grandezza (Uhane Nui Au) e questo mi impedirebbe di godere davvero del film, anche se l'obiettivo della perfezione del film sarebbe raggiunto ugualmente!

Allora sarebbe necessario che qualcuno di quegli attori che Sono Io che ancora ricorda le premesse aiutasse le altre parti di me annebbiate dall'oblio a ricordare come è andata… a ricordare che Io Sono tutto quanto!

Non ricordare non ha conseguenze sul film o sulle motivazioni che mi hanno spinto a realizzare il film (io non sono solo il mio ruolo nel quale mi identifico, io sono Tutto comunque, anche se non lo ricordo). Tuttavia ricordare come è andata e come è la questione mi permette di godere del film dalla prospettiva più ampia e più gioiosa, consapevole del suo successo e del suo enorme valore.

Questo è ciò che in certi ambienti viene definito "ricordo di sé".

Ciò che è rappresentato da questa metafora è anch'esso una conseguenza logica che deriva dal principio che Tutto è Uno e che l'Uno è Amore. Se Tutto è Uno, per quanto noi, calati in una realtà molteplice, fatichiamo a percepirlo nella sua Unità e lo vediamo invece molteplice e separato, in verità rimane Uno. E l'indizio che ci permette di renderci conto di tale unità è l'interconnessione, il collegamento di tutto ciò che è.

Poiché Tutto è Uno, ogni elemento che noi percepiamo come a se stante e separato dal resto è in realtà collegato indissolubilmente a tutti gli altri e ogni cambiamento su una singola parte, che è una parte dell'Uno dunque, influisce su tutte le altre parti (oggetti, persone o situazioni).

Questa connessione è percepibile attraverso la sensazione dell'Amore che ci lega. L'Amore è la percezione dell'Unità.

Quando diciamo che la nostra percezione della realtà è illusoria, intendiamo solo dire che è una percezione limitata delle cose; non che ciò che percepiamo è sbagliato, ma solo che non riusciamo a esserne consapevoli completamente, a causa della nostra limitatezza sensoriale che ci fa percepire il mondo come separato e molteplice.

Ecco che la scorciatoia per vivere la vita in serenità e gioia è quella di comprendere come e quanto siamo connessi a tutto quello che compone la nostra realtà vicina, ma anche lontana.

Lasciare andare gli attaccamenti è una pratica che è proposta e ricercata da tutte le filosofie e le dottrine efficaci. Non è solo una tecnica di rilassamento atta a procurarci una temporanea serenità; è un lavoro su di sé che permette di sciogliere qualunque blocco energetico ci impedisca il libero fluire della nostra esistenza. È anch'esso un vero e proprio strumento di pulizia che ci permette di cambiare definitivamente atteggiamento mentale e approccio alle cose e alle situazioni della vita.

Per riuscire davvero a lasciare andare gli attaccamenti la prima cosa da fare è quella di chiedersi "**chi sono io?**" ed eliminare qualsiasi risposta la nostra mente e i nostri sensi ci inviino, fino a rimanere solo pura consapevolezza di essere ciò che è.

Questo è ciò che realmente Siamo.

Se ricerchiamo con impegno e concentrazione e ci identifichiamo completamente, ma allo stesso tempo soltanto con il puro e semplice senso di esistere, ci accorgeremo di essere una presenza illimitata senza confini spazio-temporali. Bisogna solo perseverare nella ricerca del "chi Sono Io", restare nella mia percezione di esistere, di Essere! Attraverso questo percorso potremo davvero ri-conoscerci, realizzare la nostra Reale Identità e quindi arrivare a "**conoscere Dio**"!

Lasciare andare gli attaccamenti passa per questa consapevolezza: riuscire a riconoscere di essere ciò che percepisce e non il percepito, sia esso mente, corpo, cuore o altro, pur essendo contemporaneamente (e paradossalmente) anche il percepito. La nostra realtà cambia in direzione dell'armonia e del ribilanciamento anche in base al distacco che riusciamo a raggiungere dalla realtà stessa, ma ovviamente questo non può essere l'obiettivo, pena l'inficiare tutto il processo.

Ancora una volta è molto semplice, ma per niente facile da mettere in pratica.

L'azione di distaccarsi da un pensiero, da un sentimento, da un atteggiamento corrisponde esattamente al solo decidere di farlo, se non fosse per la nostra enorme capacità di far venire a galla sensazioni, scuse, pensieri e identificazioni auto-sabotanti. Tuttavia perseverando riusciremo finalmente a sentire quel che c'è dietro tutto questo: quello Sono Io!

Mi piaccio così come sono

Mi piaccio così come sono e così come sono piaccio,
nella mia consapevolezza so che posso migliorare molto,
accetto i risultati che mi hanno portato a essere chi sono,
accetto anche che ogni giorno migliorerò
e che farò tutto quello che mi è possibile per rendermi felice.
Non posso aiutare gli altri se non aiuto me stesso a sorridere,
tendo la mia mano destra
e trovo subito la mia mano sinistra a stringerla,
se ho voglia mi abbraccio,
e se chiudo gli occhi e li riapro esclamo: "Sono vivo".
Hai mai provato a farti il solletico?
Hai mai provato a dirti "ti amo"?
Hai mai pensato a quanta gente hai fatto sorridere ed emozionare?
Hai mai fatto un elenco delle persone per cui sei importante?
Hai mai detto a te stesso quanto felice tu sia di aver emozionato i tuoi genitori e nonni alla nascita?
Sì, hai fatto emozionare molta gente,
molta di più di quanto tu ti immagini,
hai fatto emozionare anche me
pensando che leggerai queste poche righe.
Ricordati che tu sei speciale prima di tutto per te stesso
e che quando ti emozioni gli angeli intorno a te festeggiano,
i santi gioiscono,
la terra vibra di te,
il cosmo esplode di gioia e brilla di felicità.
Quanta gente amerebbe ricevere una tua telefonata?
Riparti amico/a mio/a,
riparti da oggi,
fai una cosa al giorno per cambiare la tua vita,

fai una cosa al giorno per cambiare la vita di qualcuno che ami,
fai una cosa al giorno per qualcuno che incontri e che non conosci,
fai, ecco, inizia da adesso!
Non aspettare, perché il potere è adesso,
sorridi mentre ti guardi nello specchio, ama le tue imperfezioni perché ti rendono unico,
sentiti vivo,
cammina con consapevolezza,
cerca di sentire il profumo di ogni cosa,
osserva ogni colore,
ogni suono.
Sono tutti regali per te
e ricordati che Dio,
Il tuo Dio, qualunque esso sia, ti Ama tanto,
tanto da sognarti,
ti ama così tanto da darti la possibilità di sognare nel suo sogno.
Amati,
Ama,
continuamente.

La perfezione dell'Amore

Tutto è Amore... Attraverso l'esperienza dell'Amore arriviamo alla comprensione (capire + sentire).

L'Amore è l'azione ispirata che rende percepibilmente l'Uno...Uno!

E una volta raggiunta la comprensione, superiamo l'illusione del tempo e la presenza diventa lo stato naturale di coscienza.

Lo strumento efficace è l'Amore; qualunque strumento usiamo se è efficace è perché è Amore. E quando parliamo di Amore in questo senso, stiamo parlando dell'Energia ad ampio spettro (totale) che abbiamo comunque a disposizione e che possiamo creare in ogni forma, perché è la stessa sostanza del nostro Essere. E possiamo creare costantemente questo strumento semplicemente Amando. Ciò significa entrare in connessione con Dio, sperimentare l'Uno, dove l'Amore non è altro che la consapevolezza dell'Unità.

Amare è ciò che dissolve la paura, perché la paura è assenza d'Amore. Alzando il livello di Amore presente non possiamo che "evaporare" qualunque tipo di non-essere: paure, rancori, inadeguatezze, frustrazioni ecc. Se proviamo Amore non ci sentiamo in pericolo, se sperimentiamo l'Amore non ci sentiamo giudicati e inadeguati.

È dimostrato che tutto ciò che *è* è energia e dato che tutte le energie sono originate dall'Amore... Tutto è Amore.

Se siamo nell'Amore, perciò liberi dalla paura, anche il perdono diventa un modo naturale di porsi: perdonare perché abbiamo la consapevolezza che anche il torto subito era energeticamente Amore, attratto da noi con lo scopo di evolvere verso l'espansione dell'Amore. Perché questo è il movimento nella nostra dimensione: ciò che si muove, che cambia è espansione dell'Amore che tutto è. E quindi perdonare gli altri (che sono strumenti attratti da noi e riflessi di noi stessi, mossi dall'Amore) diventa ovvio, come altrettanto ovvio diventa perdonare noi stessi e smettere di colpevolizzarci.

Dall'esperienza dell'Amore possiamo finalmente vedere la Realtà dall'unica prospettiva efficace.

Quando non riusciamo a perdonare e a riconoscere l'Amore nelle cose che accadono e nelle persone che incontriamo è perché siamo identificati con una parte del Tutto, il nostro io, la nostra mente, noi stessi offesi, la vittima in noi ecc. Ma noi non siamo questo, non siamo la nostra mente, non siamo il nostro cuore, non siamo le nostre emozioni, non siamo il nostro corpo, non siamo le nostre esperienze: noi siamo tutto l'insieme di queste cose e molto oltre.

Abbiamo bisogno del nostro ego per sopravvivere in questa dimensione quadridimensionale, ma il nostro ego è uno strumento che ci è necessario per compiere l'esperienza; farci usare dallo strumento come se lui fosse il tutto è a dir poco estremamente riduttivo. Identificarci con una parte del Tutto/Uno che in realtà Siamo è ciò che ci tiene percettivamente separati e sconnessi dalla Reale Identità, dalla consapevolezza della Coscienza Universale che Siamo. Solo riconoscendo l'ego come uno strumento e utilizzandolo consapevolmente come tale possiamo riconoscere la nostra Reale Identità. Non farlo ci fa credere di essere separati dalla saggezza, dalla beatitudine, dalla consapevolezza... in una parola da Dio.

Noi siamo Esseri saggi, amorevoli, sicuri e gioiosi, ci serve solo riconoscerlo.

Nella nostra realtà la razionalità, l'intelligenza, la conoscenza sono fattori fondamentali, ma molto più importante è l'ispirazione, perché l'ispirazione è saggezza, intelligenza, conoscenza, amorevolezza, consapevolezza contemporaneamente e istantaneamente, poiché l'ispirazione ci viene da un luogo di non-tempo e non-spazio.

Finché continuiamo a confondere Coscienza (realtà) e incarnazione (illusione) non può che originarsi sofferenza. Ci ritroviamo a inseguire l'illusione della sicurezza, invece che dimorare in presenza nella sicurezza dell'Amore presente, che c'è ed è già. Continuiamo ad aver bisogno di essere approvati e accettati dagli altri, dove in verità se siamo consapevolmente nell'Amore non possiamo essere disapprovati o respinti, non sarebbe il riflesso di chi Siamo.

Quando siamo fuori dalla presenza e ci facciamo assorbire da recriminazioni per il passato o angosce per il futuro non possiamo che dimorare nella sofferenza!

L'Amore è lo strumento e l'Amore è in ognuno di Noi, perché tutti noi siamo Amore (Tutto è Amore, non esiste qualcosa o qualcuno che non lo sia).

I terapeuti, gli insegnanti, gli autori, i motivatori, i divulgatori possono aiutarci solo a riconoscere queste potenzialità dentro di noi… mai, mai, mai potranno sostituirsi a noi o fare il lavoro per noi.

La mente con i suoi attaccamenti dà origine all'illusione della separazione, ci fa credere di essere qualcosa di diverso gli uni dagli altri, non ci permette di comprendere che sempre (sempre!) **tu sei il mio riflesso**! Da questa illusione di separazione hanno origine la paura, l'ansia, la preoccupazione, l'angoscia, la frustrazione, la rabbia, la reazione. In una parola la sofferenza.

Tornare all'origine significa Esserci. Essere in presenza e riconoscersi momento per momento come la fonte dell'energia d'Amore che tutto è. La saggezza ispirata è questa consapevolezza presente che ci consente di Vivere l'Amore in ogni frangente in ogni situazione. È sufficiente concentrarci sull'Unità, anziché sulle diversità. Solo così sperimentiamo la nostra Reale Identità. La nostra Reale Identità è presente e riconoscibile nell'Unità perché è l'Unità stessa. Questo significa guarigione! Guarigione vuol dire riconoscere l'Amore in ogni cosa attraverso la presenza. Solo quando impariamo a vedere ciò che guardiamo possiamo comprendere, crescere in saggezza, sperimentare la Pace e, sperimentandola, emanarla ed espanderla.

Evolvere significa semplicemente *riconoscersi*, in quanto siamo già tutto quello che vorremmo dovremmo potremmo essere… Io Sono! E infatti siamo qui (ognuno di noi) per diffondere l'Amore: comprendiamolo! E soprattutto siamolo, dove per esserlo bisogna avere il coraggio della verità. Io Sono Verità, perciò è sufficiente che io Sia Me Stesso. Essere… basta solo semplicemente Essere. Io Sono Io. Io Sono tutto perché Tutto è Uno. Siamo solo enormemente potenti, ma non lo accettiamo. Del resto che altro c'è, oltre a me stesso? La mia divinità Sono sempre Io! Non c'è differenza tra spirito e materia, Sono sempre Io!

Con Amore posso cambiare il mondo e lo sto facendo.

Io Sono! Amati e compi prodigi.

La vita è un gioco e tu stai vincendo, stai centrando il bersaglio dell'espansione del tuo Essere e la conoscenza di chi Sei. Tu puoi Essere Tutto perché sei già tutto.

Cerchiamo l'Amore, cerchiamolo dove non lo vediamo, con la consapevolezza che l'intenzione di vederlo (sincera) è sufficiente a farlo comparire!

Siamo noi stessi sempre e avremo compiuto tutto ciò che potremo compiere.

Non prendiamocela se alcuni non comprendono e non restiamoci male, è il loro percorso.

Qualcuno di grande ha detto "*Chi ha orecchie per intendere intenda*". Non cediamo alla polemica e al sarcasmo, mai. È vero che sono grida di aiuto, ma io non posso aiutare chi non vuole essere aiutato. In realtà perché non può essere aiutato... almeno per ora.

Comunque non desistiamo, diciamo sempre molto chiaramente e nel modo più semplice che conosciamo come stanno le cose. Anche se il nostro interlocutore sul momento non comprende e ci attacca, noi abbiamo lasciato cadere un seme, che quando sarà il momento germoglierà.

Non ci crucciamo e "Avanti tutta"... che è un bel modo di procedere!

Lasciamo andare tutte le nostre aspettative circa il percorso degli altri e lasciamoli crescere liberamente. Siamo in corsa, non fermiamoci! Smettiamo di sentirci in colpa per le piccolezze o per ciò che nei nostri comportamenti potrebbe influire sugli altri. Viviamo gioiosamente, cogliamo ogni occasione per essere felici. Se gli altri ci giudicheranno o non comprenderanno, non è un problema nostro!

Solo sperimentando alti livelli di Gioia possiamo espandere Gioia. Perciò viviamo, cogliamo l'attimo, Amiamo e siamo felici in qualsiasi modo ci si presenti per esserlo.

Non è la "morale comune" che ci deve fare da guida, ma il nostro cuore e il nostro Amore. Non facciamo soffrire consapevolmente nessuno, ma non priviamoci di ciò che ci fa stare bene e gioiamo, gioiamo, gioiamo!

Non occupiamoci del giudizio degli altri! Agiamo in coscienza e lasciamo che gli altri blaterino se vogliono blaterare.

Voler far fare agli altri ciò che noi riteniamo sia giusto ci sembra forse un comportamento amorevole? Proviamo a guardarlo dall'esterno: ci sembra amorevole?

Ecco, ci siamo dati la risposta da soli!

Tu fai ciò che ritieni giusto, che non significa nemmeno fare tutto ciò che puoi, ma solo fare quello che ritieni giusto per la situazione, anche in relazione a te stesso. Non puoi annullarti per far stare bene (e poi non è detto che starebbe davvero bene) qualcun altro, oltre al fatto che è del tutto discutibile se sia giusto annullarsi per ottenere qualsiasi risultato, anche reale!

Io Sono una splendida creatura parte dell'Universo. Tutto è Uno e io ne sono parte al punto che Io Sono l'Uno. Ne sono sempre più consapevole.

Adeguiamoci a questa nostra profonda consapevolezza: Io Sono il Tutto, Io Sono Tutto, Io Sono.

Amiamoci e Amiamo tutti quelli che ce ne danno l'opportunità. Amiamo tutto ciò che ci circonda, perché farlo significa Amare me stesso. Sentiamo che non sono ragionamenti astratti, ma è un mettere in parole verità profonde che ci riguardano e che sono radicate dentro di noi.

La vita è davvero un'avventura meravigliosa. Sempre! Anche quando non sembra, anche quando saremmo disposti a tutto pur di cambiarla. Se imparassimo che c'è sempre un altro punto di vista (e spesso più di uno), da cui anche il peggiore dramma appare come una meravigliosa avventura, avremmo davvero fatto bingo cosmico!

Ma vi dico un segreto: quel punto di vista, quella prospettiva esiste! Esiste sempre e paradossalmente è anche la più immediata da assumere. Infatti è sempre più facile stare bene che stare male, ma noi ci siamo così arzigogolati in pensieri ed emozioni che ce lo siamo dimenticato e ci ostiniamo sempre a imboccare il percorso più tortuoso, convinti che sia l'unico.

Ma anche questa è solo una di quelle convinzioni che ci siamo costruiti, influenzati da altre convinzioni e altre e altre… Apriamo gli occhi, colleghiamo il cervello, spalanchiamo il cuore e ci apparirà tutto chiaro!

Scegli chi frequentare

Le parole sono come semi. Hanno potere creativo.
Dice Isaia:

Noi mangiamo il frutto delle nostre parole.

Quali semi stai piantando?

Ho imparato ad aspettare il frutto di ogni persona prima di dichiarare che tipo di albero esso sia: sincero, vero, amico...

Ho imparato che quando incontri una persona e questa ti parla male di altri un giorno lo farà anche di te.

Ho imparato che mentre le persone ti raccontano delle loro glorie, vorrebbero solo gridarti che sono importanti per avere la tua attenzione.

Alzano la mano in trionfo a chiunque gli sia vicino, osannandolo, cercando già con l'altra mano di afferrare il prossimo temporaneo invaghimento di turno.

Siamo chiamati a far finta di non capire e ad amare.

Troppo facile amare solo chi ci ama.

Amare e augurare bene a chi è distante dal nostro modo di essere è molto più difficile, ma è una grande opportunità!

E fa sì che abbia avuto senso anche incontrare queste persone che portano sempre un insegnamento speculare.

Ti mostrano quello che non dovresti essere, quello che devi correggere di te o quello che potenzialmente ti renderebbe grande ma di cui non ti curi.

Tutto è funzionale.

Ascolta bene però, siamo chiamati a non giudicare, ma a discernere.

Dedica il tuo tempo a chi vibra come te. Lascia che queste persone lontane dalla tua vibrazione facciano la loro vita. Stanno costruendo le loro prossime vite attraverso il loro karma, non è già abbastanza?

Perché cadere nel tranello e seguirle karmicamante parlando male di loro?

Prega per il loro risveglio e immaginale nella gioia, ma distanziati da loro.

Perché scegliere a chi dedicare il tuo tempo è il tuo vero potere.

Siamo chi frequentiamo!

Spiritualità e materialità

Tutte le dottrine esoteriche e tutte le antiche tradizioni filosofiche riconoscono l'uomo come un essere spirituale temporaneamente inquilino di un corpo materiale.

Questo è un concetto che torna identico in ogni angolo della terra ed è un principio che facilmente mi sembra di percepire come corretto. A mio avviso questi sono notevoli indizi che ci spingono a pensare che sia un concetto contenente profondi fondamenti di verità.

> *Dal punto di vista degli indù, lo spirito non dipende dal corpo più di quanto questo dipenda dagli abiti che indossa.*
>
> — Huston Smith

Qualche tempo fa durante un'intervista mi posero questa domanda: "*È possibile essere spirituali anche all'interno delle mille difficoltà e impegni della quotidianità moderna?*".

In quella sede risposi più o meno così:

"Credo sia inevitabile essere spirituali proprio nella vita quotidiana come in ogni altro frangente, perché a ben vedere tutto è vita quotidiana e tutto è spiritualità, e per quanto mi riguarda non riesco ad applicare verità che mi risuonano in certe situazioni e non in altre.

Penso che si possa, anzi si deva, aspirare alla crescita spirituale e contemporaneamente occuparci di realizzare una vita piena di salute, di prosperità, di gioia, di soddisfazioni e felicità per noi e per gli altri, semplicemente perché le due cose sono la stessa cosa, una il riflesso dell'altra.

Se essere allineate e centrate significa essere felici allora ti assicuro che sì, il tempo per ricercare l'allineamento c'è sempre, anche se a dire la verità non credo che la centratura come la felicità possa essere misurata in tempo!

Per quanto riguarda gli impegni terreni, che dire, questa è la vita e nel mio particolare questa è esattamente la vita che voglio, che mi sono scelta e che mi sono manifestata, quindi penso non si possa proprio distinguere tra impegni terreni e spiritualità, non sono cose che possono andare distinte, non si può essere spirituali un'ora al giorno e poi occuparsi delle faccende di casa o mettersi al computer a lavorare. Se pensi che un atteggiamento mentale sia corretto per te, lo assumi e basta: o si tende ad agire con l'Amore come atteggiamento mentale sempre (o per lo meno il più possibile) oppure no! Non lo fai oggi sì, ma domani non so se mi va! O su questo sì perché è facile e su questo no perché non mi pare accettabile. O Tutto è Uno o non lo è, non ci sono vie di mezzo. Non esiste un percorso di crescita efficace che ci dice che 'quasi tutto è Uno!'.

Nell'ambiente cosiddetto della 'spiritualità' troviamo moltissimi relatori e divulgatori che vivono, a loro dire, in una realtà completamente sbagliata e si sentono in dovere di sensibilizzare l'opinione pubblica contro questo o contro quello, ma contemporaneamente continuano a ripetere che 'Tutto è Uno'. Questo è possibile solo da un determinato livello di inconsapevolezza. Solo una buona dose di inconsapevolezza può permetterci di sostenere che 'Tutto è Uno meno il mio vicino di casa!'.

Non credo si possano fare dei distinguo. In certe attività mi comporto spiritualmente e in certe altre no! Credo proprio che non sia possibile organizzarsi in questo modo. O ci sei o ci fai... non è possibile sposare entrambi gli atteggiamenti. Quando Gesù diceva: 'Non potete servire Dio e mammona', coerentemente con tutto il suo insegnamento, intendeva questo. Non diceva che dobbiamo scegliere tra materialità e spiritualità (sono la stessa cosa, Tutto è Uno). Quello che intendeva è che non possiamo essere spirituali a giorni alterni, non possiamo applicare la nostra consapevolezza a questo sì ma a quello che non ci piace o che non ci pare accettabile usare un atteggiamento diverso. O ci sei sempre o non ci sei mai!".

Più ci avviciniamo all'allineamento con il nostro Io Superiore, la cui realtà è leggibile nella nostra interiorità, più evidentemente sarà anche piacevole e soddisfacente il nostro soggiorno terreno. Non può essere altrimenti! Spiritualità e materialità sono la stessa cosa. Due forme diverse della stessa Essenza!

Tutto è Uno... razionalmente l'abbiamo compreso, ma ancora distinguiamo tra spirito e materia. Il primo è buono il secondo è cattivo!

Invece questo è il momento storico più adatto a unificare finalmente questi opposti apparenti! Non farlo, continuare a santificare l'uno e demonizzare l'altro ci fa perdere di vista lo scopo della nostra incarnazione!

Gli ambienti spirituali (o forse New Age) sono pieni di persone che hanno sposato questa distinzione per nascondersi nella "santità" e scappare dalle sfide che la Vita ci propone (sfide il più delle volte basate proprio sulla "demonica materialità").

Sposiamo filosofie lontanissime, senza comprenderle, facendo nostri concetti letti solo in superficie e perdendo di vista il fatto che, se ci siamo incarnati (e già questo la dice lunga) in quest'epoca, è per fare esperienza di quest'epoca, con tutti i suoi paradossi e le sue contraddizioni!

Che proprio ciò che vediamo come incoerente e sbagliato è quello che ci serve per crescere, per contribuire all'espansione dell'Amore che Siamo!

> *È nella carne e attraverso la carne che giungiamo a Colui che è al di là della carne.*
>
> — Sant'Agostino

Materialità e spiritualità sono un percorso univoco (Tutto è Uno); non è possibile coltivarne una trascurando l'altra.

Quasi sempre tutti i nostri problemi nascono dal dividere materiale e spirituale come se fossero due sfere separate che non hanno punti di comunione, quando in realtà sono solo le diverse facce della stessa medaglia, strettamente intersecate e indissolubili. Perché la medaglia sia splendida e brillante, dobbiamo lucidare entrambe le facce. Dividerle, viverle come realtà separate e indipendenti l'una dall'altra, e anzi in contrasto tra loro, è di fatto ciò che ci ha diviso!

Perciò curare la materialità, far prosperare l'abbondanza, quando è fatto con Amore, con correttezza, con etica e con apertura di cuore, è un'operazione altrettanto sacra che coltivare la propria spiritualità, che lavorare su se stessi per crescere in consapevolezza. Quando un'attività è svolta con Amore è perfetta come il più disinteressato altruismo spirituale.

La materia è spirito e lo spirito si manifesta in materia. Dove molta New Age ha spinto ad aspirare alla spiritualità come a qualcosa di superiore, è importante rimettere i concetti al loro posto. La materia è sacra come lo è lo spirito, in quanto l'una è manifestazione dell'altro e se non lavoriamo sullo spirito non potremo godere della materia e viceversa, se non godiamo della materia significa che abbiamo da lavorare sullo spirito.

Non possiamo stare bene fuori se non stiamo bene dentro... ma allo stesso tempo il nostro stare bene fuori è la conseguenza del nostro stare bene dentro.

Non ha senso dedicarsi con tutti noi stessi alla nostra educazione, alla nostra conoscenza, dimenticandoci della nostra parte invisibile, come del resto è perfettamente insensata anche l'operazione contraria. Si dice appunto "*dedicarsi Anima e corpo*" proprio perché nessuna delle due sfere va trascurata.

Non ha alcuna utilità dedicarsi con tutti noi stessi allo sviluppo della nostra spiritualità dimenticando di alimentare conoscenza e materialità. Tutto è Uno e ogni attività di frammentazione in un senso o nell'altro ci porterà a sperimentare la sofferenza. Niente di sbagliato quindi (come sempre), ma meglio sapere dove determinati percorsi ci conducono.

I percorsi sono molteplici, ma la Verità è una ed è quella che accomuna tutti i percorsi.

La scienza ormai ci ha anche dimostrato la connessione nostra e di ogni cosa con il Tutto, perciò in risonanza con l'Universo riemergerà la nostra parte Divina nella vibrazione dell'Amore, che è tutto ciò e solo ciò che ha senso capire o sperimentare, perché Tutto è Uno e l'Uno è Amore.

Quindi quando avremo fatto percettivamente l'esperienza dell'Amore che è tutto ciò che è (capiamo il paradosso? Tutto è Amore, quindi qualunque esperienza è un'esperienza d'Amore. La differenza sta tra il saperlo e il non saperlo), avremo semplicemente accesso all'intelligenza, che è in filo diretto con l'Amore. Appunto puliremo tutte le credenze che ci limitano e che non ci permettono di percepire e di godere della perfezione dell'Universo che, essendo Amore, costantemente è.

Quando riconosciamo nell'Amore la nostra Vera Essenza, riconosciamo la perfezione del Tutto e tutto ha un evidente senso, ogni cosa va a posto (o meglio, ci accorgiamo che è già al suo posto) con logica e perfezione, oltre i limiti della nostra percezione terricola.

Tutto quello di cui abbiamo bisogno per riappropriarci di tutte le nostre potenzialità e quindi del nostro incommensurabile valore è di riconoscerci come Amore. La nostra più grande ricchezza è racchiusa nel riconoscimento della nostra Reale Identità, tutto è custodito nella risposta alla fatidica domanda: "*Chi sono io?*".

Io sono Amore e quando l'avremo compreso con il cuore e con la mente in coerenza, il paradiso terrestre tornerà a essere la nostra casa.

Maui e la balena impazzita[13]

Tanto tempo fa in Polinesia, molto ma molto prima del capitano Cook, dopo molto tempo di pratiche e di esperienza al fianco del fratello maggiore Maui, uno dei suoi numerosi fratelli decise che aveva raggiunto il suo obiettivo. Si sentiva uno con il Tutto, completamente realizzato e allineato con il Divino.

Quando chiese conferma a Maui se il suo sentire corrispondesse a verità, egli gli rispose che il suo percorso di duro lavoro aveva portato il risultato sperato: aveva raggiunto la consapevolezza tanto ricercata.

Inebriato dalla sensazione unica che provava, il ragazzo decise di abbandonare l'isola e confrontarsi con il mondo.

Salì su una canoa a bilanciere e iniziò a remare verso il largo. Dopo essersi di poco allontanato dall'isola, incontrò alcuni pescatori che, visibilmente preoccupati, stavano fuggendo da qualcosa che li spaventava.

Uno di essi si rivolse concitato al fratello di Maui: "Scappa via, c'è una balena impazzita che si abbatte su tutte le barche distruggendole!".

Il ragazzo sorrise. "Oramai" pensò, "io sono Uno con il

---

13 Racconto già pubblicato in *Le storie di Maui: 111 gradini per la felicità*, di Giovanna Garbuio, Rodolfo Carone e Francesca Tuzzi, Edizioni l'Età dell'Acquario, e su *Gli specchi esseni*, di Giovanna Garbuio, Edizioni Il Punto d'Incontro.

Tutto e tutto è Uno con me. E se io sono Uno con il Tutto, lo sono anche con la balena, quindi lei non potrà farmi nulla... come potrei mai farmi male da solo?".

Non fece neppure in tempo a finire di formulare completamente i suoi pensieri che una gigantesca balena gli si parò dinanzi minacciosa e, con la sua mole imponente si gettò sulla canoa del malcapitato.

L'impatto fu terribile e devastante: il ragazzo fu catapultato fuori dalla sua canoa, ma non prima di aver ricevuto un colpo poderoso dalla massiccia creatura.

Ridestandosi qualche tempo dopo in pieno oceano, si accorse di essere pesto e malconcio, oltre ad aver perso la sua canoa.

Questa situazione gli provocò una terribile rabbia. Maui lo aveva imbrogliato! Tanti discorsi e pratiche sull'essere Uno con il Tutto e guarda un po' com'era finita! Deciso a voler chiarire la questione con il fratello maggiore, ritornò a nuoto sull'isola.

Arrivato da Maui, in tono visibilmente irritato e recriminante gli raccontò l'accaduto.

Con sua grande sorpresa, anziché scusarsi Maui scoppiò in una fragorosa risata. Rise profondamente e di gusto, a pieni polmoni, e quando si fu calmato assunse un tono a metà tra il beffardo e il severo e disse: "Tu, ragazzo, sei tre volte stolto! È vero che sei Uno con il Tutto e tutto è Uno con te. Certo, è vero che sei Uno anche con la balena. Ma eri Uno anche con il pescatore che ti ha detto di scappare dalla balena! Perché non lo hai ascoltato?".

...E noi sappiamo che questa storia è vera, perché il più delle volte pensiamo di essere Uno con ciò che è più grande e distante da noi, dimenticandoci di esserlo anche con ciò che si trova al nostro fianco ed è parte della nostra quotidianità.

La Terra

Sinceramente non riesco a comprendere cosa sia la Terra. Se proprio dovessi tirare a indovinare, credo sia un meraviglioso sogno del nostro Creatore e che io, zitto zitto, ci sguazzi dentro con il mio sogno. Insomma, come se questa ondata cosmica sia un grande oceano dentro al quale ogni cosa esiste. Potrei dire che ogni cosa si cristallizza prendendo una forma prestabilita della matrice idea che sta sognando Dio.

Ma cosa è realmente questa onda cosmica?

È coscienza cosmica ed è qualcosa che noi non possiamo assolutamente comprendere quando indossiamo le vesti dei cinque sensi. È la forza creatrice ed è in ogni cosa. Potremmo liberamente dire che tutto ha coscienza, tutto proviene dall'Uno e che tutto è permeato dalla stessa energia creatrice. La Divina Madre, il Creatore, qualunque nome si voglia utilizzare, ha deciso di arrivare a noi e sa molto bene quale sia il miglior linguaggio da utilizzare. Se il Creatore si presentasse a noi all'improvviso mostrandosi con tutta la sua energia, cioè in parole molto più semplici se noi comprendessimo di essere divini e che il centro è ovunque ma non esiste la circonferenza, come disse Yogananda, letteralmente moriremmo dalla gioia. Ma siccome Lui ci Ama così tanto e quindi sa utilizzare metodi molto più delicati e accessibili, si è depotenziato esattamente come fa un trasformatore elettrico, che porta la corrente elettrica nelle nostre case per arrivare a noi nel modo più adatto attraverso qualcosa che abbia una forma comprensibile, come i guru, i maestri, i bidelli, i libri e molto altro.

Le dita sulla mia mano non sono tutte uguali, ma sono parte dello stesso organismo. La nuova storia culturale annuncia che siamo tutti parte del corpo di Dio. Non siamo uguali, ma siamo tutti uno, ha scritto Neale Donald Walsch. Bellissime queste parole, tanto quanto la semplice frase "tu sei me".

Quanta energia realmente offriamo a questa grande verità? La prossima volta che ti ritroverai a giudicare qualcuno che è diverso da te osserva la tua mano e ricorda che se le tue dita non fossero state tutte diverse, non avresti potuto costruire questo mondo e ammirare l'arte, ascoltare la musica e tante altre cose meravigliose. Apri la tua mano e osservala: rappresenta il mondo e la prossima volta che la doni come forma di saluto sappi che rappresenta e raffigura un messaggio che hai ignorato. Non ti devo raccontare quale, credo tu lo abbia ben compreso: il bisogno di riconoscerci tutti come una cosa sola.

Torniamo alla Terra; tutto quello che vediamo è coscienza cosmica e quindi ogni cosa è fatta della nostra stessa sostanza. Che altro posso aggiungere se non chiederti di vedere tutto come un'estensione di Dio? Che meravigliosa sensazione! Chiudi gli occhi e prova a sentire ogni cosa come parte di te. Tu sei l'universo, ho esagerato?

Il meccanismo in cui siamo immersi

Abbiamo visto come Tutto è Uno, l'Uno è Amore e Tutto è Amore. Perciò noi stessi siamo Amore in espansione. E l'espansione dell'Amore è il movimento che permette al nostro Universo di divenire o, se vogliamo, a Dio di fare esperienza di se stesso, pur rimanendo statico nella sua Essenza.

Questo è un bel paradosso che però deve rimanere tale!

Noi non possiamo *capire* tutto, ma abbiamo le potenzialità per *comprendere* tutto se la comprensione avviene attraverso tutto il nostro essere, quindi razionalità e sentire insieme. In questo senso alcune cose sono comprensibili solo attraverso i paradossi, prendiamone atto e immergiamoci in essi.

Più sono consapevole di come funziona la faccenda, più facilmente entro in risonanza anche percettiva (cioè me ne rendo conto) con la vibrazione dell'Amore e ne godo, sono felice… Più mi allontano da questa consapevolezza, meno percepisco la perfezione di ciò che è, meno me ne rendo conto e non ne godo anzi (sigh) soffro. Questa è l'origine e la motivazione della sofferenza. La distanza percettiva dall'Amore, il non comprendere (cuore e mente) la realtà dell'UNO, il non percepire la perfezione di ciò che è, di ciò che evolve, di ciò che si muove.

È Amore, ma a me non sembra, mi convinco che non lo sia e soffro.

La realtà dell'Unità e la conseguente perfezione del Tutto

è una consapevolezza antichissima che tutte le tradizioni sciamaniche hanno. I Kahuna (sciamani) hawaiani per esempio sanno e trasmettono la principale comprensione della loro spiritualità, che ci vede essere un tutt'uno con il creato, con ogni cosa materiale o immateriale. Ma chi ha esplorato un pochino le culture spirituali del pianeta Terra sa che le saggezze antiche si basano tutte su questa comprensione. Tutto è Uno, L'Uno è Amore perciò Tutto è Amore e se tutto è Uno, tutto è interconnesso! Questa è la comprensione di base. Quindi io sono un tutt'uno con tutto, non c'è reale distanza tra me e te e non c'è reale distanza tra me e una pianta o un sasso. Quello che accade a te riguarda me e viceversa (spirito di Aloha).[14]

Siamo connessi in un'unica entità con i vegetali, con gli animali, con i minerali, con la natura, con gli altri esseri umani. Siamo un'unica cosa con tutta la Vita, qualunque sia la sua manifestazione. Questo è ciò da cui gli hawaiani vengono, ma non è certo ciò a cui hanno cercato di trascinarli i missionari negli ultimi due secoli e non è certo ciò che ci è rimasto della nostra cultura occidentale, anche se, andando a scavare parecchio in profondità, scopriamo che questa consapevolezza apparteneva anche a noi, alla nostra cultura originaria. E non parlo solo della filosofia greco-romana, parlo proprio dei fondamenti del Cristianesimo delle origini, che con la filosofia del tempo aveva certamente a che fare.

Noi veniamo dalla "*convinzione indotta*" che c'è un solo Dio (quindi separato dal "resto") e che questo Dio è qualcosa di diverso da me, anzi spesso anche estraneo a me e a volte anche avverso a me. Dio è onnipresente certo, ma è ovunque meno che in me. Io sono nato sbagliato e finché non mi "aggiusto" seguendo le regole di questo Dio altro, non potrò

---

14 Cfr. *Il viaggio di Maui*, di Rodolfo Carone, Giovanna Garbuio, Francesca Tuzzi, Edizioni Il Punto d'Incontro, 2017.

mai meritare la sua benevolenza (sottolineo, *meritare la sua benevolenza*).

Tutto è sbagliato e nasce dall'errore (peccato originale), per cui l'uomo passa la sua vita a chiedere perdono a qualcuno, altro da sé, per l'errore da cui deriva.

Gli hawaiani e la loro cultura non vengono da questo. Il significato della parola ho'oponopono parte proprio dal concetto contrario. Tutto è perfetto e a me sta solo la decisione di accorgermene. La parola ho'oponopono significa: "**Percependo la perfezione miglioro la Realtà**"! E in effetti non può che essere così se Tutto è Uno e l'Uno è Amore! Non c'è spazio per l'errore in un universo d'Amore; tutto sta ad accorgersene. E per accorgercene noi occidentali dobbiamo prima di tutto abbandonare la nostra convinzione di essere sbagliati e di essere qualcosa di altro dal Dio a cui ci rivolgiamo nelle nostre preghiere. Tutto è Uno!

Tutto ciò che accade è il meglio... il male non esiste!

Perché so tutto questo? Perché lo sento, perché lo vedo e lo sperimento quotidianamente in tutto ciò che vivo e vivendo consapevolmente me lo sono dimostrato... Perciò non lo posso dimostrare a voi, ma invito voi stessi a cercare nella vostra realtà le prove che ve lo dimostreranno, perché io so che ci sono e che ognuno le può trovare, in quanto, in assenza di pregiudizi, sono visibili a tutti ("chi ha orecchie per intendere...", diceva un grande saggio duemila anni fa).

La coscienza crea la realtà! Gli stati interiori determinano i fatti esteriori (e non viceversa). Perciò continuare a dire che va tutto male, che ho'oponopono non funziona, che niente funziona, che il mondo è uno schifo, che tutti ce l'hanno con me, oppure "Aiuto datemi luce, pregate per me, perché io non ci riesco" ecc. ma anche dire "Poverino come sei sfortunato", "Sì ti va proprio tutto storto, ma sei in buona compagnia va tutto storto anche a me". cosa produce?

Non credete che, una volta raggiunta la consapevolezza che sono gli stati interiori a determinare i fatti e non viceversa, sarebbe meglio incominciare a osservarsi e capire da dove deriva tutto questo nero che vediamo? Inutile dire: "Io sono santo, non so perché sto così male... che ingiustizia!", perché se sto così male una ragione c'è ed è dentro di me! Questione che non ha nulla a che vedere con la colpa, ma che riguarda in pieno il concetto di **responsabilità**, che sono due cose completamente diverse.

Ci è sempre stato insegnato che il meccanismo gira esattamente al contrario di come funziona in realtà. Viviamo quasi tutti normalmente come se quello che succede nella nostra vita fosse il motivo, la causa per come ci sentiamo.

Adesso mi rendo conto che lasciare andare secoli di convinzioni ataviche e ribaltare tutto non sia né semplice né immediato. Quello che vi chiedo è ancora una volta di avere fede e di darvi la possibilità di sperimentare se effettivamente il meccanismo funziona al contrario. Fede che, se ce ne diamo l'opportunità, attraverso l'esperienza diventerà testimonianza non più di qualcosa in cui crediamo, ma di qualcosa che sappiamo perché l'abbiamo sperimentata in prima persona! Se ci diamo l'opportunità di sperimentare Dio in noi, arriverà un momento in cui non "crederemo in Dio", ma incarneremo il Divino in noi e ne diverremo testimonianza vivente. A questo livello di consapevolezza, tutta la nostra realtà (relazioni, lavoro, disponibilità economiche, amicizie, successo, affetti ecc.) risponderà allineandosi alla nostra essenza consapevole.

Quello che sto dicendo è che **è la coscienza che crea la realtà**, non che è la realtà a determinare gli stati di coscienza. Sono gli stati interiori che determinano i fatti esteriori non viceversa.

Pensare che i fatti determinino gli stati d'animo è un modo di pensare efficace? Siamo felici? Stiamo bene pensando che le cose funzionino così? E questa spiegazione ci fornisce le risposte che ci servono? Se la risposta è "sì"... ok! Tutto bene! Allora abbiamo trovato la nostra strada. Ma se la risposta è "no"... come è accaduto a me, che mi sono trovata all'interno di un continuo controsenso, da questo tipo di visione, allora vi chiedo di darvi la possibilità di dimostrare a voi stessi se la strada giusta è l'altra. Gli stati interiori determinano i fatti; le prove le possiamo ricavare solo osservandoci, osservandoci costantemente: presenza consapevole.

Presenza significa: attenzione fuori dal tempo e dallo spazio, quindi eterna e non razionale. Presenza significa esserci (la presenza è uno stato), ma non pensare di esserci. L'osservatore osserva, non ha giudizi o pensieri su ciò che osserva. Presenza significa: essere sapendo chi Sono nel momento in cui lo Sono (ora)! Il punto è ricordarsene momento per momento. Non c'è altro da fare che stare in presenza in contemporaneità con qualunque altra cosa il nostro apparato psicofisico faccia, pensi o senta! Bisogna costantemente Esserci! Ma allo stesso tempo basta esserci!

E se le cose stanno così la buona notizia è che sugli stati interiori abbiamo totale potere di modifica! Se i nostri stati interiori sono l'origine della nostra realtà, se noi cambiamo "il come ci sentiamo dentro", di conseguenza la nostra vita "fuori" cambierà.

Siamo sempre amati

Le 5 montagne intorno a me,
mostrano le 5 stelle radianti.
Ti ho visto in lontananza nella valle camminare verso di me,
costeggiavi il fiume sperando di giungere alla fonte.
Tu guardavi il cielo intento a cercarmi.
Io invece ti osservavo con grande amore.
Sentivo i tuoi passi muovere l'immenso prato sul quale stavo seduto,
più ti avvicinavi è più intonavo per te il sacro canto cosmico dell'Om.
Questa volta non potrò nascondermi da te,
questa volta non riuscirai a girare l'angolo prima che io ti possa guardare negli occhi.
Mi cerchi da tempo nel cielo ma io sono accanto a te,
se solo soffiassi il tuo amore sul velo che separa le nostre vite intravvedresti la mia inaspettata figura,
davanti a te troveresti il tuo viso, il tuo corpo,
troveresti te.
Toccando le mie mani toccheresti le tue,
abbracciando il mio corpo abbracceresti il tuo.
Quando mi chiederai di tornare a camminare nella meravigliosa valle,
non ti tratterrò, perché so che tornerai sempre più forte.
Oltrepassando il velo ti dimenticherai di avermi incontrato, fino a quando una sera guardando le stelle comprenderai che esse non sono altro che spiragli di luce del mio immenso amore per te.
Allora tornerai a cercarmi,
proprio come stai facendo ora mentre speranzoso osservi il cielo cercando un mio segnale.
Ti amo da sempre e per sempre,
amato figlio mio.

Responsabilità

Come abbiamo già accennato, tutto questo meccanismo in continuo divenire o in espansione o in evoluzione, come meglio vogliamo vederlo, è regolato nella nostra dimensione dalla **Legge di causa ed effetto** (diventata famosa nell'ultimo decennio come Legge di attrazione) che deriva anch'essa dal principio che Tutto è Uno e l'Uno è Amore in evoluzione.

Il meccanismo dell'evoluzione è il meccanismo che determina la nostra responsabilità. Noi siamo responsabili al 100% di tutto ciò che accade nella nostra realtà e questo è il principio alla base di tutte le dottrine filosofiche pure.

> *Il frutto che si raccoglie dipende dal seme seminato: colui che fa il bene raccoglierà il bene; colui che fa il male, raccoglierà il male. Il seme, una volta gettato, produce un frutto che non si può evitare di assaporare.*
>
> — Samyutta Nikaya

> *Dai loro frutti li riconoscerete. Si raccoglie forse uva dalle spine, o fichi dai rovi? Così ogni albero buono produce frutti buoni e ogni albero cattivo produce frutti cattivi; un albero buono non può produrre frutti cattivi, né un albero cattivo produrre frutti buoni.*
>
> — Matteo 7, 16-18

L'obiettivo principale della nostra vita incarnata e attraverso quali esperienze centrarlo è stato definito dalla nostra Anima in altri spazi e in altri tempi o in non-spazi e non-tempi, mentre come sperimentare "*il cosa*" viene scelto quotidianamente da noi stessi, intesi come personalità individuale. Perciò "il cosa" viene attratto dalla nostra guida interiore (Anima) attraverso giochi di sincronie e risonanze, mentre "*il come*" viverlo dipende dalle scelte quotidiane dell'ego, condizionato dalla presenza delle cosiddette memorie (ho'oponopono). Il Divino in noi ha deciso già le cause lasciandoci liberi di interpretarle e di viverle quindi attraverso la gioia o attraverso la sofferenza. Comunque sia, la nostra missione di nascita la centreremo, volenti o nolenti!

Questo fa la differenza tra remare controcorrente, lamentarsi, sentirci vittime, voler a tutti i costi cambiare strada o seguire il flusso, cercare il bello in ciò che accade ed essere consapevoli dell'Amore che ci circonda! La differenza sta tra il focalizzarsi sui *problemi* o concentrarsi sulle *soluzioni*! La nostra guida interiore non ci fa vivere esperienze dolorose, non è lei a decidere che siano dolorose, non ci mette alla prova! A meno che noi non combattiamo ciò che la Vita ci propone, trasformando qualcosa che potenzialmente avrebbe portato l'attenzione su quello che di noi avremmo dovuto vedere e integrare, trasformando la nostra esperienza in benessere, in qualcosa che non riusciamo ad accettare. La non accettazione ci fa sperimentare il "*brutto*". L'accettazione e la ricerca del bello fanno venire a galla ogni opportunità di gioia. Entrambi nella stessa situazione di partenza.

Qualunque cosa ci accada è un'opportunità di crescita che noi di volta in volta decidiamo di sfruttare in questo senso o di combattere perdendone la potenzialità.

Come fare dunque ad assecondare i suggerimenti della nostra guida interiore? **Presenza e osservazione** sono la chiave!

Il primo sentire viene sempre dall'Alto, quindi osservandoci e vivendo le esperienze in presenza saremo sempre meglio in grado di coglierne il suggerimento e imboccare la via indicata.

La differenza sta tra l'ascoltare il nostro sentire (cuore e mente) o pensare cosa fare e decidere in base alle nostre valutazioni puramente razionali, perché ciò che sentiamo non è reale!

Ispirazione vs. ragionamento!

Le cose accadono per mostrarci su cosa è utile portare la nostra attenzione e lavorare.

Vivere una vita autentica con presenza e osservazione è il punto di svolta. Gli esercizi, la pratica, la meditazione, l'alimentazione, le preghiere, i mantra sono strumenti per arrivare a Vivere naturalmente una Vita Autentica in presenza e con capacità naturale di osservazione. Che non vuol dire "non praticate!". Vuol dire "praticate!" con la consapevolezza che la pratica è la via, non la meta!

All'interno di questo meccanismo, accettare di essere il totale responsabile della manifestazione della propria realtà, significa dunque soltanto riconoscere e rendersi consapevoli della propria Reale Identità, riconoscere cioè di Essere Amore noi stessi, parte olografica di quell'Amore energia originaria che tutto permea e da cui tutto deriva e che gli hawaiani chiamano, come abbiamo visto, *Kumukahi*.

Ancora una volta ritorniamo sempre lì: Tutto è Uno!

Questo è un insegnamento molto, molto pratico, anche se il mondo è pieno di persone che non l'hanno osservato e riconosciuto, che sostengono sia pura teoria inutile.

Renderci conto del funzionamento delle cose ci permette praticamente, materialmente, di riconoscerci parte del Divino (fatti a sua immagine e somiglianza) e comprendere come l'energia divina sia onnipresente e quindi permei tutto ciò che è della sua essenza.

Questo significa Tutto è Uno: Tutto è in essenza la medesima energia. Tutto il mondo, tutto l'Universo, tutto quello che è prima di tutto è un'energia interiore che da me, che sono l'individualizzazione dell'energia della Coscienza Unica da cui tutto ha avuto origine, si riflette "*fuori*", dando vita a tutto ciò che vivo.

In un universo olografico dove Tutto è Uno, è indiscutibile che ognuno di noi nella sua individualizzazione abbia la responsabilità totale della manifestazione della realtà, da cui deriva evidentemente la potenzialità di ognuno di modificare tale realtà e quindi la propria onnipotenza sulla propria realtà.

Assumersi la totale responsabilità significa dunque essere consapevoli di possedere un libero arbitrio e di avere sempre una possibilità di scelta: *decidere di dirigere la situazione o lasciare fare al nostro Io superiore.*

Stiamo parlando della consapevolezza del nostro immenso potere, della nostra potenziale onnipotenza.

Accettare di essere responsabile al 100% vuol dire soltanto riconoscere la propria Reale Identità e cioè riconoscere di essere Amore in qualità di individualizzazione dell'Uno che è Amore, la parte olografica di quell'Amore originario di cui abbiamo detto. Tutto è Uno e quindi anche io Sono l'Uno, perciò chi altri può essere responsabile della manifestazione della mia realtà se non io, che sono l'Uno? Comprendere questo significa riconoscerci parte del Divino (Amore) e riconoscere la presenza del Divino in tutto. Risulta dunque incontestabile che anche la separazione fisica tra me e gli altri esseri del pianeta sia soltanto una mia percezione che non ha niente di oggettivo.

A questo punto la conseguenza logica di questo ragionamento è che se Tutto è Uno e io Sono l'Uno, anche ciò che vedo fuori di me e che identifico come la manifestazione della mia realtà, è in verità parte dell'Uno che io Sono.

Perciò tutto quello che è fuori è in unità con quello che è dentro e corrisponde a ciò che è dentro. Ma se ciò che è fuori (la mia realtà) è un riflesso di come sono dentro, allora l'altra conseguenza logica è la mia onnipotenza, perché se io sono in grado di modificare il mio dentro, cambierà di riflesso ciò che è fuori.

Io sono l'Uno, parte individualizzata dell'Uno, ma se l'Uno è Tutto allora se io sono parte dell'Uno sono anche Tutto. Naturalmente anche per gli altri vale lo stesso principio, ma io (che comunque ho una percezione legata alla molteplicità) ho il potere di intervenire solo da dentro di me e non da dentro gli altri (è ancora un paradosso, ma solo apparente) e questo dipende dal fatto che sto sperimentando percettivamente la molteplicità, quindi una molteplicità che è Uno, ma sperimenta di essere molti.

La totale responsabilità di cui stiamo parlando e che deriva da queste premesse in sostanza è la responsabilità della mente, non dell'Io superiore (il Divino in me) individuale (essendo Uno, definirlo "individuale" è già di per sé un paradosso, anch'esso dovuto alla nostra percezione molteplice della realtà), della percezione che mi vede separato da tutto ciò che è. La responsabilità, sebbene derivi dalla Reale Essenza, riguarda invece la molteplicità, ma dalla prospettiva del sapere (asse della conoscenza) di essere Uno.

Cerchiamo di metterla più in "semplicese": assumersi la totale responsabilità vuol dire sapere di avere sempre la possibilità di scegliere, facoltà che conosciamo con la definizione di "libero arbitrio". Noi possiamo sempre scegliere di mantenere il controllo della situazione e agire in questo senso o lasciare che se ne occupi attivamente il Divino in noi, mettendo in atto la nostra azione solo seguendo l'ispirazione che dal Divino ci giunge.

L'azione fa parte comunque dell'indispensabile divenire.

Ma c'è una differenza abissale tra re-azione (inconsapevole) e azione (consapevole).

Tutto questo meccanismo come abbiamo accennato è regolato dalla Legge di causa ed effetto che è una Legge universale di natura, che si traduce nel "*simile attrae il simile*". Essendo una legge universale è una legge impersonale e imparziale, non distingue ciò che è buono da ciò che è cattivo, non fa differenza tra giusto e sbagliato, soltanto perché la differenza non c'è, ma non fa differenza nemmeno tra ciò che vogliamo e ciò che non vogliamo, tra ciò che ci piace e ciò che non ci piace. Tutto è perfetto comunque sia e comunque appaia, in quanto tutto è Amore sempre.

L'Universo capta le nostre emozioni sotto forma di energia e ce le restituisce amplificate, manifestandole come esperienze (energia) di vita, che ci faranno provare le stesse emozioni in misura maggiore, il tutto in maniera completamente impersonale.

Quello che noi pensiamo e per cui ci emozioniamo prima o poi lo viviamo, con la polarità che gli attribuiamo. Punto!

Qualunque pensiero noi teniamo costantemente in testa e come sentimento nel cuore presto o tardi si manifesta in materia tangibile o in situazioni reali di vita.

Come si uccide una fata? Smettendo di parlarne...

Questo è il concetto che sta alla base di tutto. Così come uccidiamo una fata se smettiamo di parlarne, allo stesso modo annientiamo i mostri smettendo di dare loro la nostra attenzione.

Se non siamo consapevoli della nostra totale responsabilità, allora è inutile che continuiamo a parlarne o che ci ostiniamo a voler comprendere questi argomenti, ma anche, temo, dobbiamo abbandonare l'idea di crescere vibrazionalmente, di elevare il nostro livello di coscienza.

Responsabilità al 100%, vuol dire responsabilità totale, completa di tutto. Non di quasi tutto o di una buona parte o peggio, di tutto meno che di quello che non ci piace o non ci pare accettabile. Tutto vuol dire *tutto*! Prendere o lasciare. E comunque, se "lasciamo" le cose non cambiano, il meccanismo rimane comunque questo e noi restiamo responsabili, anche se inconsapevolmente.

Questo è il pilastro fondamentale della spiritualità efficace, da qualunque angolo della terra provenga.

In sostanza, non esiste un mondo al di fuori di noi indipendente da noi e dalla nostra interiorità, cioè non esiste qualcosa che ci riguardi e che faccia parte della nostra realtà "*materiale*" scollegato e indipendente dalla nostra realtà interiore, cioè dalla persona, dall'individuo che interiormente siamo e crediamo di essere. Non c'è niente fuori, non si manifesta niente fuori di noi che non si trovi già in essenza nella nostra interiorità. Perciò, per modificare eventualmente la nostra materialità (che poi non è altro che la rappresentazione dello spirito) in maniera proficua per noi e per il nostro benessere, è necessario allinearci a essa e provare l'Amore (che è ciò che Siamo) e viverlo intensamente e costantemente.

Questo comunque non vuol dire che la nostra realtà sia tutta un'illusione, nel senso che non è vera, che è solo un'allucinazione. Partendo dall'assunto che tutto ciò che è Reale è solo la Coscienza Unica,[15] tutto il resto (che è sempre coscienza) è un'illusione, un sogno, ma all'interno del sogno è reale.

Spero sia chiaro anche se è difficile.

La nostra realtà esiste ed è vera tanto quanto lo è la nostra interiorità, che è anch'essa parte (riflesso a sua volta) della stessa Coscienza Unica. Quindi, pur vera all'interno del so-

15 Cfr. Il sogno di Kanaloa.

gno, la nostra realtà è strettamente legata e dipendente alla nostra interiorità appunto, di cui è un riflesso manifestato. La realtà materiale, l'esteriorità, ciò che noi viviamo e condividiamo con il mondo è una manifestazione energetica (ho già detto che tutto è energia d'Amore?) di qualcosa che si trova già dentro di noi. In sostanza, tutto quello che si verifica nel mondo "*visibile*" riflette qualcosa di "*invisibile*" dentro di noi, qualcosa che noi siamo e che abbiamo eventualmente pieno potere di modificare. E infatti ne siamo gli unici responsabili.

Tutto quello che è e che ci riguarda dipende da noi, cosicché se cambiamo dentro, modifichiamo anche quello che c'è fuori. Se una determinata causa non esistesse in chi siamo o crediamo di essere (il nostro mondo interiore), non ne sperimenteremmo l'effetto nella realtà terrena e tangibile.

> *Se il nemico non è dentro... un nemico non c'è da nessuna parte!*

Questo principio è familiare alla maggior parte delle antiche filosofie dell'umanità e si è diffuso negli ambienti di ricerca spirituale con la definizione di *Legge dello specchio*,[16] che si può tradurre con il concetto che **tutto quanto noi osserviamo nel mondo è una nostra proiezione**. Questa Legge dello specchio molto intuitivamente deriva direttamente da quella legge universale di cui abbiamo già ampiamente detto e cioè la Legge di causa ed effetto.

Tutto quello che ci infastidisce nel prossimo e negli avvenimenti che ci accadono, nelle situazioni che ci coinvolgono o a cui assistiamo, tutto quello che giudichiamo e biasimiamo

---

16 Cfr. *Gli specchi esseni*, di Giovanna Garbuio, Edizioni Il Punto d'Incontro, 2018.

si è manifestato nella nostra vita con lo scopo preciso di farci provare determinate sensazioni di fastidio o di contrarietà, così da farci comprendere qualcosa di noi e dirigere la nostra attenzione su qualche nostra specifica caratteristica cui ci ostiniamo a non dare la sufficiente attenzione.

Stessa cosa vale per tutto ciò che ci piace e ci fa stare bene, ma dato che ci fa stare bene non c'è bisogno di modificarlo e quindi ce ne occupiamo meno.

Quello che ci accade e che non ci piace (compresa la malattia) semplicemente fa da specchio a qualche caratteristica che non siamo capaci di accettare in noi stessi e quindi abbiamo nascosto accuratamente in modo da non percepirla nemmeno più. In alternativa, a qualche caratteristica che non abbiamo e che rischiamo di sviluppare, a qualcosa a cui siamo attaccati o a cui abbiamo rinunciato controvoglia oppure è un'opportunità per manifestare i nostri talenti ecc.

Gli specchi sono di tanti tipi, ma riflettono sempre invariabilmente qualcosa che ci riguarda personalmente e che riconoscere ci serve per crescere.

Se ciò che accade non fosse il riflesso di una nostra memoria, le possibilità sarebbero soltanto due: o non l'avremo mai incontrato nel nostro percorso oppure non l'avremmo notato e sicuramente non ci avrebbe turbato, infastidito o emozionato in alcun modo.

È ovvio che tutto questo meccanismo è inconscio. Perché se io conoscessi già perfettamente la mia realtà e sapessi già cosa devo cambiare e come, non avrei avuto bisogno di manifestarmi al di fuori il mio riflesso per permettermi di accorgermi del mio dentro. Me ne sarei accorta semplicemente osservandomi e avrei *agito* di conseguenza.

La lucerna del corpo è l'occhio; se dunque il tuo occhio è chiaro, tutto il tuo corpo sarà nella luce; ma se il tuo occhio è malato, tutto il tuo corpo sarà tenebroso.

— Matteo 6,22

Purtroppo nella maggior parte dei casi siamo facilmente ciechi ai nostri difetti. Ciò che in noi non accettiamo non lo vediamo, ma spesso vale anche per le nostre qualità: non siamo consapevoli del nostro valore e quindi tendiamo a sminuirci; la Vita ci mostra anche questo.

Il punto è che per lo più la nostra memoria, la caratteristica che dalla memoria deriva non la vediamo, non la identifichiamo nella maggior parte dei casi perché non accettiamo di farlo, in quanto siamo troppo schiavi della nostra modalità di percezione e del nostro giudizio. Quindi ritenere i difetti che vediamo difetti degli altri o delle situazioni esterne a noi e ritenerci superiori a esse, immuni, oppure convincerci che i nostri malesseri e le nostre sofferenze non dipendono da noi, ma sono imputabili a fattori esterni, è soltanto una modalità di autodifesa, per non essere costretti ad affrontare il fatto che siamo noi gli unici e i primi che dobbiamo cambiare se vogliamo che le cose migliorino… qualunque cosa esse riflettano.

Tutto il problema è solo nel fatto che noi non prendiamo in considerazione di cambiare, perché la non-accettazione da parte nostra di qualcosa non significa affatto che quel qualcosa sia sbagliato, significa solo che noi dobbiamo cambiare il nostro modo di percepirlo.

Sappiamo bene che non esiste qualcosa di sbagliato nell'Universo. In un Universo d'Amore l'errore non è contemplato, esiste solo la nostra percezione limitata, che ci fa vedere l'errore dove non c'è.

Teniamo comunque presente che se qualcosa ci emoziona, sia in positivo che in negativo, significa che in qualche modo da qualche parte ci appartiene o ci serve. E questo non vuol dire che siamo vittime di prevaricazioni che ci suscitano emozioni, ma se ci sentiamo vittime è molto probabile che ciò accada perché, da qualche parte, in un angolo remoto dentro di noi siamo i primi a essere, a voler essere o a temere di poter essere i carnefici oppure abbiamo le potenzialità per mostrare ai carnefici la loro disfunzionalità, ma non lo facciamo!

Tutto quello che non ci va, tutto quello che ci infastidisce e ci fa soffrire rappresenta delle caratteristiche che ci appartengono, che sono potenziali o che ci servono comunque per cambiare qualcosa di noi... anche per contrappasso, non dico di no, ma sempre noi riguardano. Il collega che ce l'ha a morte con noi, i nostri parenti che non si sopportano reciprocamente, le malattie dei nostri genitori, l'automobilista che ci aggredisce, il maleducato che ci passa davanti in fila, la pioggia battente che non accenna a cessare, il caldo soffocante: è tutto in origine dentro di noi. Noi siamo la rabbia, noi siamo la lite, noi siamo la malattia, noi siamo l'aggressività, noi siamo la maleducazione, noi siamo il maltempo e sono tutte caratteristiche da modificare in noi.

E la consapevolezza dell'Amore fa proprio questo: ci trasforma da aggressività, intolleranza, lite, calore soffocante, umidità penetrante, rancore, rabbia... in Amore!

Come sopra così sotto
Come dentro così fuori

Ne deriva che è inutile volerci liberare di un disagio o di un dolore agendo direttamente sulla situazione che ci procura il disagio o il dolore. Non possiamo eliminare gli effetti se non neutralizziamo le cause. E le cause di tutto sono ben custodite tra i nostri ricordi, in mezzo appunto alle nostre "*memorie*"[17] (leggi pure: convinzioni, blocchi energetici, ostacoli emozionali ecc.). Ciò che si realizza nella nostra vita è la conseguenza di quello che siamo nella nostra interiorità, quindi un effetto delle nostre memorie. Non neutralizzando definitivamente le cause profonde che manifestano una determinata realtà, anche se agendo sulla realtà riusciremo a venirne a capo prima o dopo una situazione simile si ripresenterà, perché la causa ancora presente continuerà a fare il suo lavoro energetico e manifesterà qualcosa di analogo al disagio precedente. Questo ancora una volta per richiamare la nostra attenzione alla causa, che è qualcosa dentro di noi a cui non diamo la sufficiente attenzione. Ciò che è dentro di noi ci seguirà sempre e ovunque, finché non risolveremo la cosa alla radice.

È delle cause che dobbiamo occuparci, se ne vogliamo uscire vincitori definitivamente.

Ecco dunque che il fatto che la Legge di causa ed effetto sia il meccanismo che determina la direzione della nostra evoluzione ci fa comprendere che io, in quanto causa dell'effetto che si rende visibile nella mia realtà, sono responsabile di tutto ciò che mi accade o che si manifesta nella mia realtà.

Tuttavia, responsabilità (questa parola spesso così difficile da digerire) non significa mai colpa. È proprio il ritenere questi due concetti coincidenti che non ci permette di digerire il concetto di responsabilità, ma soprattutto non ci permette di coglierne la vera portata e la valenza. **Responsabilità non significa colpa**, in quanto siamo sempre parte di quell'universo perfetto di cui parlavamo prima, in cui l'errore, lo sbaglio, la colpa e allo stesso tempo anche il caso o il destino non trovano spazio.

---

17 Cfr. *Ho'oponopono occidentale*, di Giovanna Garbuio, Edizioni il Punto d'Incontro, 2014.

Il caso è l'abito che Dio indossa quando vuole restare in incognito

ha detto qualcuno.

E in effetti nell'universo in cui tutto è Uno e l'Uno è Amore che evolve in direzione di se stesso (l'ho già detto?) non c'è spazio per il caso, per il destino o per qualcosa di sbagliato che non avrebbe dovuto accadere. Tutto è Uno e tutto è interconnesso, perché tutto è parte olografica della stessa energia originaria che è l'Amore.

Ecco dunque che se Tutto è Uno (anche io) che evolve in direzione di se stesso, tutto ciò che accade lo fa con il fermo obiettivo di contribuire all'espansione dell'Amore verso se stesso. Tutto ciò che è accade con questo obiettivo, anche la cosa più piccola e insignificante, a prescindere dalla nostra consapevolezza a riguardo. Che noi lo sappiamo e lo accettiamo o che non ce ne rendiamo conto tutto accade con l'obiettivo di contribuire all'espansione dell'Amore.

Spesso con il passare del tempo ci accorgiamo di come tutto evolva in questa direzione, ma a volte anche no. Il fatto che noi non cogliamo questa caratteristica evolutiva però non fa sì che le cose effettivamente funzionino nel modo in cui siamo convinti che funzionino. Nulla accade per caso, mai!

Tornando ai concetti di responsabilità e colpa, se Tutto è Uno e l'Uno è Amore che evolve in direzione di se stesso non può esserci qualcosa che non è Amore e quindi in questo universo non c'è spazio per quello che noi umani chiamiamo "errore". L'Amore è Amore e la sua emanazione non può che essere Amore in evoluzione e quindi perfezione. Ecco che se l'errore non esiste non può nemmeno esistere qualcuno che l'ha commesso… nessuno può aver sbagliato in un Universo d'Amore. Se non esiste l'errore non esiste nemmeno il male e di conseguenza non esistono nemmeno "colpa" e "colpevoli". È ovvio, no? Un semplice ragionamento logico che deriva dalla consapevolezza che Tutto è Uno e che l'Uno è Amore.

La parola responsabilità è in realtà più correttamente traducibile con il concetto di **potere** completo di scelta, decisione e soprattutto creazione.

Essere responsabili non significa in nessun modo essere colpevoli e allo stesso modo scaricare le proprie responsabilità su altri e/o su altro diventa una forma molto sofisticata di mancanza di rispetto in primo luogo verso noi stessi. Perché così facendo ci priviamo inconsapevolmente dell'enorme potere che abbiamo su noi stessi e sulla nostra realtà e dell'opportunità che tutto ciò che percepiamo come sbagliato (problema) rappresenta, perdendo ancora una volta l'occasione di cambiare noi stessi e di direzionare la nostra vita catalogando ciò che non ci piace come responsabilità di altro/altri e quindi fuori dalla nostra portata di azione.

Il così familiare e diffuso concetto di colpa in realtà è una creazione della nostra percezione e non si riferisce a nulla di vero. È invece reale e corrispondente a ciò che abbiamo detto finora il concetto di responsabilità, ma si tratta di concetti molto, molto diversi.

Io sono responsabile di tutto ciò che accade e si manifesta nella mia realtà, sempre, senza nessuna eccezione, ma non sono colpevole mai, perché in ogni caso, qualunque cosa si verifichi, se è originata dall'Amore non può che essere "buona e giusta". Ne deriva ovviamente che non sono colpevole mai e sono invece meritevole sempre.

Posso davvero comprendere questo concetto fondamentale attraverso l'osservazione della mia esperienza. Rimanendo in presenza e osservando con distacco il susseguirsi e l'evolvere della mia vita potrò mettere in relazione le cause (interiori) con gli effetti (esteriori) e trovare esperienzialmente le prove incontestabili di quanto fin qui detto. Questo non significa però che posso fare quello che voglio in barba alle conseguenze, perché anche se non colpevole rimango il responsabile e "*pagherò*" energeticamente le conseguenze di ogni azione e di ogni intenzione. Responsabilità dunque sì, completa e totale, per cui anche consapevolezza che ogni mia azione porta con sé delle conseguenze che io sperimenterò in base al mio agire, ma colpa no, nel modo più assoluto.

Una Verità universale

Quello che i grandi Maestri hanno sempre fatto è mostrare a tutti noi la loro comunione interiore con Dio e con i grandi guru e santi che avevano a loro volta unito la loro coscienza a Dio.

Il loro compito è sempre stato di mostrare a tutti noi la via dell'interiorizzazione. Mostrarci, "insegnarci" come ricevere nel nostro silenzio tutte le risposte alle nostre domande e per insegnarci a divenire noi stessi canali dell'energia divina che Siamo.

La scienza della Compassione implica un viaggio esteriore e interiore proprio per accarezzare in modo gentile la Verità che risiede nella comprensione che tutto è in me e fuori di me contemporaneamente Uno, la comprensione che l'oceano non termina abbracciando il cielo, ma che è il cielo, come esso è l'oceano.

Sono venuti per mostrarci come diventare genitori universali di ogni cosa, anche della formichina che vediamo passeggiare davanti a noi, giungere alla compassione verso ogni essere vivente, vivere nella comprensione di essere chiamati ad Amare indistintamente.

Possiamo sentire la voce della nostra Anima, cioè incontrare la Coscienza dell'Anima? Importante è comprendere che in realtà noi siamo una finestra della Supercoscienza cioè la coscienza dell'Anima, noi siamo Anima prima di tutto e anche dopo tutto, perché è ciò che Siamo. Tutto è Anima, tutto è Spirito, tutto è Dio, quindi il nostro Sé inferiore è sempre in contatto con il nostro Sé superiore e a ogni nostra domanda sempre giungerà una risposta. Tocca a noi diventare osservatori, tocca a noi levare le mani che teniamo davanti agli occhi per vedere la realtà, per comprendere il linguaggio appropriato con il quale l'Anima risponde.

Sussurra alla Coscienza dell'Anima le tue domande e osserva l'Universo modificare il dipinto della creazione per rispondere a te. Diventa osservatore del dipinto e non gioire di nessuna vittoria quando a volte apprenderai di aver ragione, perché in questo mondo duale ci alterniamo nel ruolo di vincitori e vinti.

Sii gentile con il mondo e vibrerai nella gentilezza di Dio.

Karma, questo sconosciuto

Quello che conta è il qui e ora. Lo dicono tutti, non è vero? Se comperate un libro new age state sicuri che a un certo punto inizierà a spiegarvi che la cosa più importante è la centratura, il vivere centrati, il vivere nel presente, sviluppare la capacità di captare, di vivere e di assorbire ogni cosa che viene concessa in dono ai nostri sensi nel momento in cui viene concessa. Possiamo sentire i passi di una formichina proprio perché, sentendo il cemento parte della nostra centratura, potremmo riuscire a raggiungere a nostro piacimento il centro di ogni elemento e a diventare parte di esso. Come disse Yogananda, "*centro ovunque senza circonferenza*".

Noi siamo in realtà delle finestre nella coscienza dell'Anima e siamo chiamati, avendo come funzione primaria quella di mostrare alla Coscienza Universale una veduta panoramica a colori sulla creazione duale, per sperimentare il fatidico Tutt'Uno, raggiungibile purtroppo quasi per tutti in modo intermittente, avendo a che fare con la nostra concentrazione sfuggevole.

Addirittura Kumu Hula John Ka'imikaua afferma che tradizionalmente gli hawaiani non credono a qualcosa come il karma proveniente dalle vite passate. Non negano l'esistenza di vite passate, ma è una questione ininfluente! Ciò che conta è *ora*! Gli hawaiani pensano che tutta la *kuleana*[18] derivi

18 Responsabilità.

dalla vita presente. Quindi, anche se ci possono essere problemi che sono echi di vite passate, la responsabilità si trova al 100% in noi in questa vita, non dipende da quello che è successo in precedenza o da chi eravamo allora (e che di fatto non siamo più).

Sappiamo benissimo che l'unico momento reale è *adesso*. Non c'è prima, non c'è dopo!

Tuttavia il karma, ci dicono, così come siamo abituati a conoscerlo influisce sulla nostra vita presente e futura dal passato! Piuttosto inverosimile, dato che passato e futuro non esistono!

Se quando parliamo di karma parliamo di energia passata che influisce sulla nostra energia futura… eccola qui, la trappola new age!

Allora chiariamo le cose: se l'unico momento che esiste è ora, il passato non è più e il futuro non è ancora; solo ora io posso trovarmi a confronto con il mio "*karma*"! Solo adesso posso vivere le influenze del mio passato, delle mie memorie, della mia psicologia inconscia. Tutto ciò che riguarda ieri non esiste più, ma la sua influenza energetica è ancora viva in me ora, perché ne conservo la memoria e dalla memoria presente in me adesso mi influenza. Ma se è così (ed è così), io ho sempre il potere di trasmutarla *ora*!

Il karma deriva dall'energia che noi immettiamo nell'Universo e che l'Universo ci ritorna "meccanicamente" al di là di ogni opinione e di ogni giudizio! Il karma non ha nulla a che fare con la colpa o con le cattiverie... è semplicemente una questione energetica! Impariamo a stare bene con noi stessi e non ci sarà più alcun karma da temere.

Adesso, in questo preciso momento io posso decidere di cambiare il mio passato, di cambiare la sua influenza sul mio *ora* soltanto cambiando atteggiamento nei confronti di ciò che è accaduto. In presenza (essere consapevole del mio qui e ora, qui e ora) io ho la possibilità di dirigere la mia volontà e smettere di farmi trascinare dalle memorie automatiche che il mio subconscio custodisce. Io ora ho la facoltà di sentire profondamente la Vita anche attraverso i disagi che mi propone, smettendo di limitarmi a ricordarla. Solo *ora* posso attraversare i miei disagi in consapevolezza e attenzione, fino a dissolverli, da qualunque tempo remoto essi provengano. Io posso dissolverli solo ora... non ieri e meno che mai domani e tra dieci anni o con cento altre vite!

Non è un lavoro mentale o meglio, non può essere solo un lavoro mentale.

Presenti lo siamo quando siamo qui e ora con tutti noi stessi, mente, cuore e corpo! La mente decide di esserci, compie l'atto di volontà che coinvolge poi tutto il nostro Essere. Nel presente, nell'intensità del momento di ora, nell'attenzione di adesso trovo tutto quello che mi serve per lavorare e portare in superficie l'Amore che Sono. Solo nell'intensità dell'attenzione presente di *ora* posso dissolvere ciò che mi tiene legato, che non è altro che una percezione energetica che io conservo nella mia memoria.

La cosa più importante è la comprensione della consapevolezza che *ora* abbiamo maturato fino a *qui*, fino a questo unico vero istante, gli insegnamenti che siamo riusciti ad assimilare e che sono parte di noi ora. Se addizionassimo e osservassimo consapevolmente tutte le esperienze che abbiamo vissuto, dalla prospettiva e dal livello di coscienza in cui ci troviamo ora percepiremmo con ogni cellula del nostro corpo la nostra evoluzione spirituale. Ed ecco che in questa comprensione ci viene donato il grande potere di ripulire il nostro passato e il nostro futuro. Ma lo possiamo fare solo *ora*. Semplicemente nella comprensione e nella piena consapevolezza maturata. Noi, nel vero istante presente in cui iniziamo a formulare questo pensiero, iniziamo a bruciare karma. Infatti, se potessimo tornare indietro nel tempo, ci sarebbero sicuramente tantissime cose che non rifaremmo. Il solo pensiero "*non rifarei quello che ho fatto*" pulirebbe e pulisce all'istante (ora) completamente il karma maturato riguardo quella situazione, perché dimostra il mio cambiamento. Io non sono più quella stessa persona che ha compiuto quell'azione e che non ha colto l'opportunità di assimilare la lezione, generando così il karma che quella situazione portava con sé. Io ora ho acquisito l'insegnamento "*non rifarei quello che ho fatto*", per cui quello specifico karma (che è l'opportunità di imparare ciò che non ho imparato) non ha più ragione di essere!

Karma significa azione. E il concetto di karma è quel meccanismo, il quale può essere letto in chiave più o meno moralistica, che per ogni azione genera delle conseguenze, di cui ovviamente siamo pienamente responsabili. Superare il proprio karma significa che abbiamo assimilato la lezione che quella situazione veicolava.

Il karma dunque non è altro che un'opportunità di ritorno all'equilibrio.[19] Accadono delle cose, anche ostacoli importanti, che noi attraiamo e che ci danno l'opportunità di compiere appunto delle azioni adeguate che ci faranno superare quegli ostacoli, quei blocchi, quelle limitazioni percettive che non ci hanno permesso di sperimentare la perfezione dell'Amore che tutto è. Avere un debito karmico non significa essere stati "cattivi", significa non aver superato quegli ostacoli, non aver colto le occasioni di evolvere secondo le proprie potenzialità, perciò la Vita ci riproporrà una nuova occasione di evoluzione, allineata alle nostre capacità. La sofferenza che può derivare da un debito karmico trova la sua origine nell'incapacità di cogliere il messaggio, nell'impotenza di interpretare

---

19 Ho'oponopono viene spesso definito dai nativi come *l'azione di tornare all'equilibrio* (to live in balance).

lo specchio e quindi nel ripetersi di situazioni all'apparenza diverse, ma in essenza uguali.

Con ho'oponopono addirittura è sufficiente fare Huli,[20] che sembra tanto semplice (e lo è da una certa visione delle cose), ma si tratta di **essere Amore incondizionato**, di sperimentare qui e ora consapevolmente l'Aloha (Amore incondizionato) che Siamo!

Non c'è karma quando c'è intenzione pura, quando non c'è attaccamento. Quindi ecco che il karma non è la conseguenza di un'azione cattiva, perché di fatto anche una buona azione se è motivata da attaccamento genera karma. *Il karma dunque è l'effetto che riequilibra un'azione squilibrata.* Se un'azione è compiuta secondo lo stimolo della separazione, produce karma. Un'azione mossa nell'intenzione del riconoscimento e della manifestazione dell'Unità è un'azione compiuta appunto "*con intenzione pura*".

Tutte le situazioni si verificano per mostrarci la via, per darci l'opportunità di comprendere ciò che non abbiamo ancora compreso. E finché non cogliamo l'opportunità che la situazione ci propone, la situazione continuerà a ripetersi anche di vita in vita. Ma l'unico momento in cui possiamo

---

20 Cfr. *Ho'oponopono occidentale* di Giovanna Garbuio, Edizioni Il Punto d'Incontro, 2014. Parabola della ciotola di Luce: Quando un bambino nasce è come una meravigliosa ciotola di luce perfetta. Se la qualità delle scelte, dei pensieri, delle parole e delle opere della sua vita sarà armonica e in sintonia con la Luce, nutrirà quella Luce interiore e lui potrà avere la forza per fare tutto ciò che desidera, comprendere e conoscere tutto. Se invece il corso della sua vita sarà guidato dalla paura, dalla rabbia, dal rancore, metterà nella sua ciotola delle pietre; lo spazio occupato dalla pietra sarà spazio sottratto alla Luce che, a ogni pietra aggiunta, tenderà a spegnersi e a trasformarlo in pietra. Per impedire tutto questo basta divenire consapevoli di aver accumulato troppe pietre dentro di noi. In quel momento un semplice gesto può capovolgere la situazione e liberarci. È sufficiente fare "Huli", capovolgere la ciotola, ripulirsi dalle pietre e la Luce tornerà, brillando ancora nel mondo, permettendogli di continuare il percorso luminoso di crescita ed evoluzione nella Vita.

cogliere l'opportunità è ora, non aspettare rassegnati la prossima vita… tanto è il karma!

Qualcuno potrebbe obiettare: "E come si fa per capire?". Beh… per capire basta chiedere di capire: "*Benedico il bene presente in questa situazione e chiedo di vederlo*"! Ma non serve capire, basta sapere che le cose sono così e quindi smettere di colpevolizzare o colpevolizzarsi e vivere con questa consapevolezza. Ciò che sarà necessario capire lo capiremo con semplicità! Comprendere è diverso, comprendere riguarda anche il sentire (cuore e mente in coerenza), va molto oltre il razionale... E il comprendere è una conseguenza pressoché automatica di sapere davvero come funzionano le cose!

Quindi, centrandoci sul qui e ora, nella comprensione di chi siamo in questo istante. Tutte le cose che percepiamo come errate svaniscono nel momento in cui, con un cuore sincero, dichiariamo a noi stessi che se potessimo tornare indietro non ricompiremmo le stesse azioni.

C'è di più, noi possiamo letteralmente andare a parlare con le anime delle persone che abbiamo ferito e dir loro: "*Ci sono cose che non sai e che non ti ho mai detto, ma voglio che tu sappia una cosa: se io potessi tornare indietro non rifarei ciò che ho fatto e che ti ha ferito*". Noi ora siamo la persona che siamo e se con la consapevolezza di ora non compiremmo le stesse azioni, l'energia associata a quelle azioni è già trasmutata, perché noi non siamo più quelli che hanno compiuto quelle azioni. La lezione è stata assimilata, non c'è più nessuna utilità che si trascini oltre.

Pulendo in questo modo, con un cuore sincero, oltre a modificare il nostro passato (essendo il tempo fluido e non lineare) andremmo ovviamente a influenzare il nostro futuro, perché siamo delle persone nuove nel presente.

Morale della favola, nel qui e ora, nella consapevolezza di quello che siamo nel presente abbiamo ricevuto il dono di agire in un tempo fluido e accogliente, il quale ci aspetta da sempre a braccia aperte per permetterci di rincontrare le anime delle persone che abbiamo offeso o per modificare i nostri atteggiamenti, perché quello che realmente conta è solo chi siamo oggi, anzi scusate, in questo istante. Non conta quello che eravamo o quello che saremo, perché non esiste né un passato fisso né un futuro decretato. Viviamo su un'onda che deve solo comprendere di essere onda.

Se io potessi tornare indietro, ci sono tantissime cose che non rifarei. Il solo fatto di percepire questo sentimento ci consegna le chiavi per liberarci di questi pesi che portiamo con noi da tanto tempo. Ci sono tante persone che ho offeso e vi garantisco che sono andato a parlare con l'Anima di tutte queste persone per dire loro: "*Sai, se io potessi tornare indietro non rifarei quello che ti ho fatto, scusami*".

Così, semplicemente, senza troppe parole e senza cercare inutili giustificazioni. Il mio cuore sincero ha parlato con le loro anime. Anzi vi dirò di più, ho chiesto scusa a tutte le anime di tutte le mie vite passate che ho offeso. Perché quello che conta è quello che sono adesso, non quello che ero allora; conta solo il mio essere qui e ora, perché proprio da questo dipendono il mio passato e il mio futuro. Ci hanno insegnato che il passato è passato ed è cristallizzato, non si può cambiare. Ma non è così! Ripeto, non esiste nessun momento oltre il qui e ora, perché il suo grande potere è quello di creare. Io ora posso decidere come il mio passato abbia influenza su di me ora e in questo modo cambio il passato, cambio l'energia del passato che esiste ora. Tutto parte da "*qui*", inteso da dove sono adesso, e lo ribadisce la parola "*ora*", un po' come se ci dicesse **fallo adesso**. Io ora posso cambiare il mio passato modificando la sua influenza su di me, modificando me stesso, e posso cambiare il mio futuro modificando me stesso. E posso farlo solo qui e ora. Ogni secondo che passa siamo diversi, siamo più maturi e, comprendendo questo immenso potere, sempre più liberi.

> *L'Amore dunque è ciò che bilancia i nostri debiti karmici (che sono tali perché emanazione del non-Amore che noi, nella nostra limitatezza, percepiamo appunto come non-Amore o male), che derivano anch'essi dalla stessa Legge universale di causa ed effetto. Perciò il trucco per ogni cosa è: Amare! Amare! Amare incommensurabilmente! Immettiamo nell'Universo tutto l'Amore che ci serve per controbilanciare il nostro karma e poi continuiamo! Così i nostri "debiti" si trasformeranno in "crediti". Il karma non deve per forza essere controbilanciato da esperienze di sofferenza e dolore... l'Amore controbilancia ogni cosa: Amiamo e saremo al sicuro da ogni sofferenza.*[21]

Il karma è semplicemente uno squilibrio energetico che viviamo adesso in riferimento a ciò che è accaduto in un altro tempo, una disarmonia percettiva che ci separa dalla coscienza dell'Unità, cioè da quell'Amore che è l'Essenza, ed è uno squilibrio riequilibrabile istantaneamente dalla stessa energia primordiale di cui tutto è fatto e tutti noi siamo fatti, che è Amore, attraverso azioni, pensieri, parole, intenzioni amorevoli magistralmente identificate con il "*dharma*".

Riassumendo, per dirla in "semplicese", quando si parla di karma si sta parlando di una specie di "*debito*" che abbiamo contratto emanando energia percepita come "negativa". Sostanzialmente, in un altro tempo e in un altro luogo ci siamo dati l'opportunità di comprendere qualcosa attraverso determinate esperienze, ma non abbiamo portato a termine

---

21 Tratto da *Ho'oponopono occidentale* di Giovanna Garbuio, Edizioni Il Punto d'Incontro, 2014.

la comprensione e in questo modo abbiamo generato karma. Al suo opposto c'è il concetto di dharma, che è una specie di "*credito*" per tutta l'energia che abbiamo vissuto come "*pura*" o meglio, per le lezioni che abbiamo assimilato e per il distacco che siamo riusciti a generare.

Per alleggerire il karma, cioè i nostri bagagli di memorie a cui noi stessi abbiamo attribuito una polarità negativa, esiste una sola vera strada efficace: impegnarci per manifestare dharma, cioè purezza, manifestazione dell'energia d'Amore che è ciò che *è*, attraverso il riconoscimento della "*bellezza*". La negatività è solo nella nostra percezione ed è "*non essere*", in quanto tutto è Uno, l'Uno è Amore e perciò l'essere è Amore, purezza, benessere, consapevolezza!

I grandi Maestri che hanno calpestato il suolo terrestre ci tramandano che esistono sostanzialmente due modi per manifestare Amore (o per creare dharma o karma positivo che dir si voglia). Un modo è di compiere quelle che riconosciamo come buone azioni, quindi aiutare il prossimo e mettersi al servizio degli altri con gioia e Amore, senza attaccamento e senza aspettarsi un ricambio, anzi vivendo l'opportunità di dare come il privilegio che è. Processo che di fatto non è altro che l'azione che assimila la lezione, sapendo che non stiamo facendo un favore a chi beneficia delle nostre buone azioni, ma siamo noi che riceviamo un favore da chi ci offre l'opportunità di fare delle buone azioni e di avvicinarci così sempre più alla comprensione dell'Unità.

Il secondo modo è quello di smettere di continuare a ripetere sempre le stesse situazioni che manifestano sofferenza e quindi piantarla definitivamente di buttare benzina sul fuoco! Ciò che possiamo fare a livello pratico per ottenere questo scopo è smettere definitivamente di agire in modo inconsapevole e quindi compiere le cosiddette "*cattive azioni*" o azioni cariche di attaccamento, di aspettativa, smettendo di usare inconsapevolmente la parola e il pensiero e quindi parlare male degli altri, delle cose, delle situazioni, lamentarci, criticare ecc.

La via principale per raggiungere l'obiettivo è sviluppare la nostra capacità di essere in presenza (qui e ora) e quindi di accorgerci di ciò che stiamo facendo, dicendo, pensando nel momento in cui lo stiamo facendo, dicendo, pensando.

Il Dharma non è altro che l'energia d'Amore che abbiamo messo in circolo. Perciò soltanto e semplicemente Amando possiamo cancellare o meglio trasmutare il nostro karma o, meglio ancora, possiamo bilanciare tutta la negatività (incomprensione) che abbiamo accumulato in passato e che è la responsabile delle nostre sofferenze attuali. Che poi noi Amiamo utilizzando come strumento il reiki, il buddhismo, la religione cattolica, il theta healing, l'ho'oponopono o il giro-girotondo... sono soltanto dettagli!

Se non c'è un nemico all'interno
il nemico all'esterno non può farti nulla di male.

— Proverbio africano

Nessuno può farci del male se non noi stessi, con le nostre azioni, con le nostre reazioni, con le nostre interpretazioni, con i nostri pensieri, con le nostre emozioni. Non verremo mai puniti per il "*male*" che commettiamo, ma ci "*puniamo*" costantemente con il "*male*" che commettiamo. Noi sperimentiamo sempre le conseguenze di ciò che facciamo, diciamo, pensiamo e proviamo, semplicemente perché quando facciamo del "*male*" significa che non abbiamo colto l'opportunità e la Vita, nella sua incommensurabile magnanimità, non smetterà mai di darci un'altra occasione di coglierla e di comprendere. Noi stessi siamo la causa dei nostri mali e dei nostri beni, non altri e non altro. Gli altri, come tutte le situazioni esteriori, sono solo il tramite con cui l'equilibrio universale, anche definito "*Giustizia Divina*", agisce.

Noi paghiamo tutti i nostri debiti e riscuotiamo tutti i nostri crediti e la moneta di scambio è l'energia che si manifesta nella nostra realtà. Quindi capiamo bene che sapere come funzionano le cose (essere consapevoli) o non saperlo può fare davvero la differenza.

Se lo sai le cose sono così come sono,
se non lo sai le cose sono così come sono.

— Detto zen

Perciò è chiaro che il karma sei tu. Senza karma tu non saresti qui a leggere questo libro. Certo, se ci fossimo liberati da ogni attaccamento non avremmo più bisogno di tutto questo vai e vieni.

"Cosa intendi per attaccamento?" mi stai per chiedere, vero?

Ok mettiamola così: ogni cosa che tu ami più di Dio è attaccamento, anche i tuoi figli, tua mamma e la tua borsetta preferita. Ogni cosa. Il karma si crea con i desideri, perché il desiderio è il riflesso di un'opportunità mancata. Lo so, credevi che le azioni creassero il karma e in parte hai ragione, ma anche i desideri creano attaccamenti. Ora, entrambi creano karma ma se tu annullassi i tuoi attaccamenti scommetti che anche le tue azioni diventerebbero amore puro e le tue esperienze si ridurrebbero a cercare la gioia fino ad annullare la voglia di vivere nella gioia, perché in realtà sei diventato gioia?

Devo ancora raccontarti che ogni volta che desideri qualcosa la dovrai ottenere in questa o nelle prossime vite. Contento? Non si scappa e sai perché? Perché siamo creatori e ogni desiderio diventa realtà.

Letteralmente immagina che ogni volta che desideri qualcosa si crea un vortice nel tubo astrale!

Dio è in te, dove stai guardando?

Ovvio, i vortici nascono da te e quindi sono parte di te. Scusa se mi sono permesso, ma già ti vedevo alzare gli occhi verso il cielo. Torniamo ai vortici. Essi devono attrarre e farti vivere quelle specifiche situazioni che hai desiderato. Non aggrottare il viso, ribadisco, devono essere soddisfatti totalmente e se non ce la faranno a prendere forma in questa vita, sicuramente ci riusciranno nelle prossime. È un gioco senza fine: fino a quando non ti libererai di tutti questi attaccamenti continuerai a tornare su questa terra o su altri pianeti. Altri pianeti? Sì, Yogananda diceva che se continuassimo a reincarnarci sulla terra scopriremmo tutto troppo presto, ma preferisco non entrare in questo argomento, altrimenti dovrei raccontarti che più ci avviciniamo al centro della creazione più esistono sistemi planetari abitati da esseri molto angelici e amorevoli. Non posso dirti altro in questo libro, perché uscirei dal tema che mi sono posto, trovare la via per vedere a perfezione in ogni cosa, e comunque sappi che loro l'hanno trovata.

Un'ultima cosa: non abbiamo bisogno di chiedere scusa a noi stessi, abbiamo solo bisogno di dirci "*ho capito*"! E come disse Vivekananda, *se vuoi essere un eroe non devi aver paura*. Io aggiungo non devi aver paura di guardarti allo specchio e scoprire chi sei, senza giudicarti per chi eri o preoccuparti di chi diventerai. Semplicemente impara ad andare oltre, guardati nelle pupille e sussurrati "*Io Sono nel qui e ora*".

Il vuoto

Questi ultimi due mesi sono stati molto difficili per me. La morte improvvisa di mia mamma mi ha lasciato senza parole; per giorni sono rimasto senza pensare. Sì, hai letto bene, "senza pensare". Non saprei descrivere meglio la sensazione che ho provato, uno stato psicologico inesprimibile, forse il vuoto corre in aiuto quando il pensiero è sfinito.

Quel giorno, dopo la telefonata di mio zio, per la prima volta nella mia vita mi trovai a interpretare il ruolo dell'osservatore non partecipe, totalmente sconnesso ma incredibilmente presente. Tutte quelle ore dedicate nel passato a fermare il dialogo interiore, quei seminari a capire come meditare… e all'improvviso, senza nessun lavoro particolare su me stesso, mi sentivo totalmente nel qui e ora.

Solo adesso mi rendo conto di aver vagato per giorni tra la gente con un mezzo sorriso sulle labbra. Le persone mi parlavano e mi raccontavano di mia mamma o mi davano consigli su cosa fare e come affrontare il futuro, mentre io ero ancora così perso nel presente da non riuscire, neanche volendolo, a spostare i miei pensieri da quello che stavo vivendo. Era tutto così assurdo. Ero solo tra molti e incredibilmente assopito nel rilevare che i miei cinque sensi erano accesi e vibravano di un'energia diversa, la quale continua a essere presente anche in me anche dopo diversi mesi.

Circa una settimana prima della morte di mia madre feci

un sogno: tantissimi aerei cadevano nello stesso punto e l'ultimo di essi fu di una compagnia aerea alla quale ho sempre accostato il sinonimo di efficienza. Appena mi svegliai, scesi in cucina e raccontai a tutti nel dettaglio quello che avevo sognato. Non capivo e non cercai di trovarne un'interpretazione, semplicemente percepii che qualcosa di grande stava per succedere.

Non sottovalutai il sogno, ma mai avrei immaginato che potesse essere una chiara esperienza di premonizione. Solo ora posso dire che tutti quegli aerei caduti rappresentavano la mia più grande paura, la morte di mia madre, e che quella particolare compagnia aerea che si schiantò per ultima rappresentava esattamente quello che è sempre stata per me la mia dolce mamma: organizzazione e sicurezza.

I giorni che seguirono furono giorni particolari ma tranquilli e non feci più sogni premonitori. Tuttavia, il giorno che morì mia mamma accadde qualcosa di incredibile: stavo parlando con un amico in una piazza piena di gente, in una bellissima cittadina siciliana. Vidi una persona che continuava a fissarmi; un uomo con evidenti problemi cognitivi se ne stava lì in mezzo a tutti guardandomi, tanto che io lo espressi al mio amico ridacchiando di quella strana situazione. Ci spostammo volutamente, ma lui continuò a seguirci. Finalmente si fece avanti e mi chiese se avevo da accendere; io gli risposi che non fumavo e lui andò via girandosi un'infinità di volte. Io e il mio amico scoppiammo in una rispettosa dolce risata per la strana situazione che si era creata. Passò un'ora e ricevetti la telefonata della morte di mia mamma. Ora capisco benissimo che era lei a comunicare attraverso la purezza di quella persona. Forse un ultimo saluto, forse voleva essere lei ad avvisarmi, forse il suo immenso amore aveva cercato ospitalità in quell'uomo per comunicare con me fisicamente un'ultima volta. Gli occhi di quella persona mi mostrarono una profondità insolita, era come se mi stessero realmente parlando, era come se mi dicessero "mi dispiace ti amo".

Tornammo alla macchina dopo aver fatto un giro per i negozi e mentre guidavamo ricevetti la telefonata da parte di mio zio, il fratello di mia mamma, il quale mi disse che non sapeva come dirmelo che era morta "la mamma". Subito pensai fosse morta mia nonna, che è la mamma di mia madre, ma lui in lacrime disse la schiacciante frase: "Mia sorella, tua mamma è morta".

Accostai la macchina. La mia fidanzata e il mio amico si guardavano spaventati e io all'improvviso compresi quello che fino a quel momento mi rifiutavo di capire.

Il peso del corpo in un attimo si fece sentire, le braccia e le mani non erano più parte del corpo, ma altalenanti estensioni che avendo perso l'abbraccio più importante della loro vita avrebbero voluto innalzarsi verso il cielo.

Dentro di me mi chiesi com'era possibile che una donna sana di 65 anni potesse andarsene così all'improvviso. Il respiro con mia grande sorpresa iniziò a calmarsi. Tutto il mio peso corporeo era presente, i miei sensi erano concentrati e nessuna distrazione riusciva a spostare il mio pensiero da quello che stava accadendo.

Dopo aver preso urgentemente un aereo dalla Sicilia giunsi a casa di mia madre. Trovandomi davanti al suo corpo coperto da un lenzuolo, decisi di non volerla vedere priva della sua coscienza mortale, ma di ricordarla per sempre con quel suo sorriso accogliente con il quale proprio qualche settimana prima mi aveva abbracciato.

Non è facile parlare della morte della propria mamma e sicuramente è ancora più difficile scriverne un capitolo in un libro dal titolo *La perfezione del Tutto*, ma credo di dover cercare con tutto me stesso, con il limite imposto dalle parole quando cercano di descrivere sentimenti tanto immensi, di raccontare quello che accadde i mesi seguenti, i quali mi portarono a vederne un tale riflesso in un avvenimento così triste.

Mi ricordo ancora come fosse ieri la voce di mia zia, la quale mi chiedeva se volevo la fede che portava mia mamma al dito o se preferivo che fosse seppellita con lei. Dissi che la volevo io, senza troppo pensarci, prima che chiudessero la bara. La zia con grande coraggio prese tra le sue mani la dolce mano della mia mamma e dopo averla accarezzata le sfilò la fede e me la portò.

L'anello disteso nel palmo della mia mano sembrava guardarmi; cercai di infilarlo, ma non riuscendo decisi di metterlo in una collanina e di portarlo con grande amore all'altezza del cuore.

Passarono alcuni giorni, quando in un momento di totale tristezza alzai lo sguardo verso il cielo è chiesi: "Perché mia mamma è morta?".

Quasi spaventandomi una voce mi rispose: "Tua mamma non è morta".

Sapevo che queste parole non erano state pronunciate da nessuno intorno a me e quindi quasi spaventato provai a porre una seconda domanda: "Come puoi dire che non è morta?". Dopo alcuni secondi di silenzio continuai: "Mia mamma non è più qui!".

Rispose di nuovo: "Io sono ogni cosa e ogni cosa non conosce fine, Io sono Coscienza cosmica, la mia coscienza è in ogni cosa, Io ho creato l'universo fisico diventando Coscienza cristica, Io mi sono limitato in te e identificandomi nel tuo corpo sono diventato coscienza mortale, così direbbe il Tutto".

Coscienza mortale? Il Tutto?

"Tu sei un'onda e Io sono l'oceano. Tu sei l'oceano e io sono l'onda. Così direbbe il Tutto".

"Mi stai dicendo che mia madre è tornata nell'oceano per poi tornare onda?".

"Ti sto dicendo che la tua mamma è già una nuova onda".

Mi calmai, una pace improvvisa mi fece sorridere. Potevo aver già compreso la morte di mia mamma? Potevo già aver messo da parte le mie sofferenze? Misteriosamente mi sentivo di gioire per lei e chiesi: "È felice? Sta bene?".

"È molto, molto, molto felice e sta molto bene".

"Mi è vicina?".

"Mai più lontana di un braccio".

"Se parlo mi sente?".

"Sì".

Iniziai a pensare a lei e a parlarle, le lacrime che bagnarono il mio viso furono accompagnate da un'inaspettata felicità. Presi forza e chiesi:

"Ma tu chi sei?".

"Io sono te!".

Continuai a parlare e a fare domande su mia madre e più parlavo con me stesso, più un mantello di pace mi riscaldava il cuore e mi faceva comprendere che quello che io chiamavo inverno spirituale in realtà rappresentava la primavera per entrambi; i fiori che iniziavano a fiorire sul mio viso, rappresentati da dolci sorrisi, combaciavano con la rinascita della mia mamma. La sentivo piena di gioia nel comprendere che il mio cuore stava trovando pace, finalmente iniziavo a sentire il suo sussurro vibrazionale di immenso Amore. Iniziavo a codificare quelle leggere carezze che avvertivo quando pensavo a lei. Quanta felicità nel comprendere la perfezione del Tutto.

Il "problema" è tutto percettivo

Tutto è qui, ora! Tutto è prima dentro e poi fuori e si realizza per farmi prendere coscienza di come sono e di come mi percepisco.

Dunque la consapevolezza necessaria è che Tutto è Uno e che l'Uno è Amore, con la conseguenza che Tutto è Amore che evolve in direzione di se stesso, regolato dalla Legge di causa ed effetto.

Questo lo abbiamo chiarito!

Il problema è tutto percettivo. Noi percepiamo come male qualcosa che in realtà accade solo per la nostra evoluzione verso l'espansione dell'Amore, anche se non ci piace per niente, semplicemente perché tutto quello che accade lo fa per il nostro bene e per il bene supremo (l'evoluzione dell'Amore quale energia originaria e unica), solo che noi nella nostra limitatezza non ce ne rendiamo conto e lo viviamo come male.

Certe situazioni sono così "oltre" la nostra comprensione e la nostra limitatezza umana (nostra e di qualunque altro essere umano), limitatezza spesso originata dalla mancata convinzione della realtà della vita eterna, e tanto ci appaiono incomprensibili e inaccettabili che solo la consapevolezza che la scintilla divina e la perfezione sono presenti in ogni cosa ci può condurre a sentirne (se non a volte comprenderne) comunque l'opportunità e l'efficacia.

Quello che ho capito, sperimentato e constatato nella mia

personale esperienza è che tutto ha un disegno e un fine, anche le cose che davvero facciamo più fatica ad accettare e che più ci fanno stare male. Noi siamo fatti della stessa sostanza dell'Amore, che può assumere molte forme, anche forme irriconoscibili, anche forme che rifiutiamo o combattiamo. Tuttavia un senso per qualcuno, per qualcosa c'è sempre, anche quando non è assolutamente evidente.

Il Tutto è Amore, Io sono il Tutto, Io Sono Amore: questo è per ognuno di noi.

L'allineamento a questo meccanismo e la sua comprensione profonda conducono alla pace interiore, alla ricezione, alla comprensione e alla percezione del meglio, qualunque cosa questo "*meglio*" significhi. E questo stato interiore si rifletterà nel cosiddetto fuori.

> *Cercate prima il regno di Dio e la sua giustizia, e tutte queste cose vi saranno date in aggiunta...*

...ci ha suggerito, tra tante altre cose, un grandissimo saggio con i capelli lunghi e la barba una ventina di secoli fa.

La prospettiva di ciò che accade è molto più ampia di quello che noi piccoli esseri umani incarnati percepiamo. La vita terrena è una scuola, un gioco di ruolo,[22] la vita reale (che è eterna) è molto, molto di più ed è una Vita in cui la malattia, i disagi e le tragedie sono solo degli espedienti per crescere, per capire, per riconoscerci.

Raggiungere un equilibrio di massima si può ottenere entrando in questo nuovo paradigma, con il nuovo atteggiamento mentale che lo accompagna, ma la Vita essendo... viva, propone e ripropone situazioni che ci destabilizzano,

---

22 Leggi il report gratuito *Gioco di ruolo*. Puoi trovarlo a questo link: giovannagarbuio.com/giocodiruolo/

opportunità per "*sistemare le cose*" (o forse meglio, per scoprire che le cose sono già sistemate), dove questo significa solo ri-bilanciare e riarmonizzare noi stessi nei confronti della nostra percezione delle cose stesse e viceversa. Questa è la guarigione... da qualsiasi cosa.

Capita e capiterà ancora, mettiamolo in conto, di vivere qualcosa che ci sembra eccessivo, che ci sembra andare oltre la nostra sopportazione, che non sappiamo come affrontare, gestire, modificare, migliorare o che ci sembra ingiusto e inaccettabile o ancor peggio senza alcun senso. Questo però succede quando comunque abbiamo delle modifiche da fare in noi stessi, altrimenti non si proporrebbero *prove* in cui sperimentare ulteriori opportunità (la dimensione terrena è una scuola, come dice la maggior parte delle discipline energetiche e delle filosofie sensate) e la scuola di quando in quando propone esami da superare, ma non perché qualcuno o qualcosa vuole metterci "*alla prova*", bensì semplicemente perché superare determinati esami ci porterà a crescere a evolvere a riconoscere l'Amore in noi.

> *Non possiamo pretendere che le cose cambino, se continuiamo a fare le stesse cose. La crisi è la più grande benedizione per le persone e le nazioni, perché la crisi porta progressi. La creatività nasce dall'angoscia come il giorno nasce dalla notte oscura. È nella crisi che sorgono l'inventiva, le scoperte e le grandi strategie. Chi supera la crisi supera se stesso senza essere "superato". Chi attribuisce alla crisi i suoi fallimenti e difficoltà, violenta il suo stesso talento e dà più valore ai problemi che alle soluzioni. La vera crisi è la crisi dell'incompetenza. L'inconveniente delle persone e delle nazioni è la pigrizia nel cercare soluzioni e vie di uscita.*

Senza crisi non ci sono sfide, senza sfide la vita è una routine, una lenta agonia. Senza crisi non c'è merito. È nella crisi che emerge il meglio di ognuno, perché senza crisi tutti i venti sono solo lievi brezze. Parlare di crisi significa incrementarla e tacere nella crisi è esaltare il conformismo. Invece, lavoriamo duro. Finiamola una volta per tutte con l'unica crisi pericolosa, che è la tragedia di non voler lottare per superarla.

— Albert Einstein

Perciò la cosa più efficace che possiamo fare quando ci troviamo di fronte a situazioni poco piacevoli è trascendere in noi stessi ciò che ha manifestato questa situazione, cercare il bello, il positivo in questa situazione e benedirlo e anche se non lo individuiamo siamo consapevoli che c'è (in tutto c'è l'Amore perché Tutto è Amore).

Benedico il bene presente in questa situazione e chiedo di vederlo!

Noi siamo "*Energia*" calati in una realtà limitata, in una struttura (corpo mente) limitata e una faccenda che facciamo davvero fatica a spiegarci è la presenza del male nel mondo. Per quanto siamo consapevoli a livello razionale che per percepire la Luce sia necessario trovarsi in un luogo buio, a livello di cuore ci pare inaccettabile. Certe tragedie, certe violenze, certe malattie, certe disgrazie non siamo in grado di spiegarcele, non possiamo accettarne la reale utilità.

Tuttavia resta indiscutibile che l'Amore, fonte dell'origine di ogni cosa (comprese le sensazioni e le situazioni "*negative*"), non può che ricercare il bene di tutti, non per "*buonismo*", ma perché anch'esso è regolato dalla prima Legge (causa ed effetto) e attrae ciò che è simile a sé.

Se siamo davvero convinti che la causa prima sia l'Amore, come sopra detto, dovremmo essere comunque grati di fronte a ogni avvenimento qualsiasi... perché consapevoli che deriva dall'Amore e verso l'Amore si dirige, anche se non riusciamo a vederlo.

Chi è davvero centrato (e ammetto che tra gli umani ce ne sono e ce ne sono stati davvero pochi) non si scontra con certe realtà o comunque non ne rimane sconvolto, perché sa che ogni cosa che accade deriva dall'Amore e ha una sua precisa utilità, anche se noi non la comprendiamo.

Come per ogni altra situazione, se si cambia prospettiva (atteggiamento mentale) muta ciò che vediamo.

> *E che Nulla si può vedere se non si ha un punto fermo sotto i piedi, ma tutto ciò che un essere umano potrà mai vedere è determinato dal punto di osservazione. Ciò che a questo apparirà buono, a quello apparirà malvagio, ciò che a uno apparirà chiaro, all'altro apparirà scuro, ciò che a questo apparirà grande, a quello apparirà piccolo. Tutti i punti di osservazione teoricamente possibili e realizzati nell'infinità dell'universo. Quel che conta tuttavia è vivere il proprio punto d'osservazione con la maggior decisione possibile.*
>
> — Giordano Bruno

E soprattutto, se lasciamo andare davvero la convinzione che la vita comincia con la nascita e finisce con la morte[23] e cominciamo invece a vivere dalla prospettiva che diciamo così spesso di credere vera, la *vita eterna*, cambia tutto.

---

23 Cfr, *Gioco di ruolo*: giovannagarbuio.com/giocodiruolo/

La questione è per quasi tutti la stessa: non riusciamo ad astrarci dall'esperienza terrena che stiamo vivendo. Se possiamo davvero comprendere che la vita è eterna e che questa esperienza incarnata è solo una piccola fase della Vita vera tutto cambia. *Saperlo* cambia completamente tutta la prospettiva e allora diventa chiaro che non c'è nulla da temere. Niente e nessuno può farci veramente male, nemmeno la morte, perché questo è solo un pezzettino dell'esistenza. È come se soffrissimo perché andiamo in fallimento a Monopoli: fa parte del gioco e se non ci fosse la possibilità di fallire e perdere tutte le case e gli alberghi non avrebbe nemmeno senso giocare.

Perciò l'elemento essenziale che amplia la limitata prospettiva entro cui siamo abituati a collocare gli avvenimenti è quello di smettere di considerare anche la morte come una disgrazia, come un male oggettivo. La morte è semplicemente un cambio di livello, visto nell'ottica della vita eterna, della cui verità è piena tutta la nostra realtà, solo a voler fermarsi un attimo a osservarla. **Nessuno nasce e nessuno muore**.

Non ne faccio una questione spirituale di credere o di non credere in un qualcosa. Sto parlando di leggi universali ed eterne che sono il mezzo tramite cui l'Universo evolve o si muove o è. Leggi universali che agiscono indipendentemente dal fatto che noi ci crediamo o meno, che ne siamo consapevoli o meno, che noi le riteniamo accettabili o giuste o meno. E il loro agire è verificabile semplicemente osservando l'evolvere della nostra realtà, dando loro il beneficio del dubbio della loro esistenza e osservando ciò che accade, dalla prospettiva spazio-temporale più ampia possibile.

Non serve credere a niente, non ha senso parlare di atei o di credenti. Qui stiamo solo parlando di apertura mentale, indipendentemente da qualunque credo metafisico e compatibilmente con qualunque credo metafisico.

Quello di *credere* senza passare al vaglio della propria esperienza è un atteggiamento pericolosissimo per la nostra sanità mentale, fisica e psicologica, nonché per la salvaguardia della nostra libertà. Attraverso l'osservazione dell'esperienza ci accorgeremo della presenza costante di determinate leggi e del loro agire continuativo.

Io sono molto lontana da ogni atteggiamento fideistico e dogmatico, sono la prima a sostenere che non si deve credere a ciò che dice qualcuno, chiunque esso sia, senza metterlo alla prova. Però invito tutti a sperimentare. L'esperienza vissuta con mente aperta in coerenza con il cuore ed evitando di classificare ciò che accade in bene e in male, bensì dando il tempo agli accadimenti di dimostrarci perché si sono verificati, rendendoci inevitabilmente conto che il loro accadere è regolato appunto dalla solita causa prima di cui tutto è parte (l'Amore), è comunque indirizzata verso una funzionalità globale. L'esperienza associata all'osservazione priva di giudizio ci dà inevitabilmente tutte le prove di cui abbiamo bisogno.

La nostra Essenza (Amore!) è sempre presente, non subisce trasformazioni, non nasce e non muore, "è". L'eterno immutabile Essere.

Dalla prospettiva più elevata (a cui con consapevolezza e impegno possiamo giungere) non c'è giusto o sbagliato. Dalla prospettiva "*cosmica*", che io ritengo l'unica reale, se è accaduto è ciò che doveva accadere. La cosa fondamentale, come ho detto, è che non voglio e non devo valutare qualitativamente quell'accadimento, e questo posso ottenerlo sapendo che il "*bello*", la scintilla divina, c'è in ogni cosa. Anche se mi appare incomprensibile e spesso anche *inaccettabile*, ogni cosa accade per contribuire all'evoluzione dell'Amore verso la conoscenza e l'ampliamento di se stesso.

Non è facile questo discorso, lo so. E meno che mai è facile accettarne sia i fondamenti che le conclusioni. Ma se guardiamo apertamente nel nostro cuore ci accorgeremo di quanta Verità ci sia in tutto ciò. Io non sono qui per convincere nessuno, dico solo come stanno le cose; a ognuno poi il compito di trovarne le prove e la consapevolezza in se stesso.

Quindi riassumendo: siamo parte e viviamo in un universo d'Amore di cui noi siamo l'individualizzazione e come tali, i totali responsabili della manifestazione della nostra realtà, responsabilità che ci rende onnipotenti sulla nostra realtà medesima. Perciò la Luce d'Amore (che poi è il nostro potere energetico) è totalmente dentro ognuno di noi e solo lì la possiamo trovare, disponibile per ognuno di noi con tutte le sue potenzialità!

Il fuori è un nostro riflesso, sempre!

Se chiediamo aiuto energetico ad altri o ad altro (compresi santi, madonne, angeli e arcangeli) per risolvere malattie, liti, discussioni, problemi relazionali, questioni economiche ecc., stiamo solo depotenziandoci e facendo il giro per la centrale elettrica per accendere la lampada sopra il nostro tavolo. Per illuminare tutto l'ambiente è sufficiente schiacciare l'interruttore, il *nostro* interruttore. Chiedendo apporti energetici esterni ci stiamo dimenticando che il mondo è uno specchio, perciò se il mio compagno è un insensibile disgraziato, la causa è sempre nella mia interiorità, perché se così non fosse o il mio compagno sarebbe diverso oppure sarebbe proprio un'altra persona. O agisco sulle cause oppure è inutile: anche se l'apporto esterno mi toglierà dai piedi l'attuale compagno, ne incontrerò al più presto la fotocopia. Stessa cosa dicasi per le malattie, per le questioni economiche, per tutti i tipi si relazione, per l'abbondanza a 360°, per il lavoro ecc.

"*Dare sostegno e comprensione è uno degli scopi per cui siamo su questa Terra*" mi fa notare una lettrice. E infatti posso anche essere d'accordo e possiamo parlarne, ma di certo non lo è chiedere disperatamente il sostegno e rinunciare così al proprio potere. Purtroppo questo è uno degli atteggiamenti più inefficaci e rallentati che possiamo assumere.

La solidarietà è un'ottima cosa è Amore, ma è il pesce! La cosa migliore che possiamo fare per chi ha fame è dargli il pesce per sfamarlo al momento (magari con un abbraccio e con una parola di conforto), ma contemporaneamente – e sottolineo *contemporaneamente* – insegnargli a pescare mostrandogli come si fa. Chi non vuole o non può (comprensibilissimo) fare lo sforzo di imparare a pescare avrà sempre fame, per due motivi: perché il pesce che gli procura qualcun altro sarà sempre troppo scarso nella sua percezione e per le sue esigenze e perché la situazione si ripresenterà e non troverà sempre qualcun altro che gli procuri il pesce. Inoltre, la consapevolezza di dipendere da qualcun altro per il proprio sostentamento contribuirà ad allontanare da lui la serenità (che nella metafora del pesce possiamo identificare con la sazietà).[24]

Possiamo mandare luce a chi ce la chiede, certo. Anzi, il fatto che ce la chiedano per noi è un'ottima opportunità di crescita e di espansione. Ma non lo è per chi la chiede! Chi la chiede sta cercando qualcuno che gli risolva le cose, evitandosi così di assumersi la responsabilità e quindi rifuggendo la potenza della propria Luce!

I malati psichiatrici che si dice siano stati guariti dal dr. Ihaleakala Hew Len (esponente dell'ho'oponopono dell'identità del sé che pare abbia guarito alcuni malati di mente solo riequilibrando la propria interiorità) non gli avevano chiesto di mandare loro Luce! È stata un'iniziativa del dr. Hew Len, che ha deciso di riarmonizzare la propria realtà riguardo a quella situazione.

---

24 Cfr. "La sindrome del beneficato": www.giovannagarbuio.com/sindrome-rancorosa-del-beneficato/

Io non ho mai detto che non serva mandare Luce e amore agli altri, certo che serve... quello che non serve e che non è produttivo è chiederla!

Nessuno può vedere ciò che vedo io, nessuno può avere la mia visione, nessuno ha il mio punto di vista, nessuno sente ciò che sento io, nessuno sa ciò che so io e ciò che sono io! Nessuno può guarirmi, perché nessuno può riarmonizzare la mia interiorità, non possedendo il mio punto di vista. Solo io posso guarire me stessa! L'unica cosa che cade dal cielo è la pioggia (anzi no, cadono dal cielo anche la neve e la grandine… e i fulmini!), per tutto il resto dobbiamo muovere le chiappette e andarcelo a prendere! Sarà più o meno facile ottenerlo a seconda che l'obiettivo che ci prefiggiamo sia in equilibrio vibrazionale con chi siamo, ma in ogni caso l'unica persona che può permettersi di ottenerlo sono io e lo posso fare solo assumendomi la responsabilità e agendo! Alzando il sedere dal divano e facendo ciò che devo/posso/voglio fare!

"*Pregare*" per gli altri (soprattutto se gli altri non ce l'hanno chiesto e quindi non si sono privati del loro potere attribuendolo a noi) va benissimo! Anzi è una bellissima e sacra cosa. Sempre evitando di decidere a priori come deve evolvere la situazione della persona per cui preghiamo. Noi preghiamo perché lei sperimenti nel modo più fluido possibile per lei il suo meglio, che paradossalmente potrebbe essere anche che le cose non cambino. Quello che va meno bene è che io chieda a te di pregare per me, perché in questo modo io sto rinunciando al mio potere su di me (che è infinito) in cambio del potere che tu hai su di me, che per quel che mi riguarda è molto limitato. Le preghiere efficaci[25] che possiamo realizzare per noi sono quelle di chiedere di farci comprendere come agire e poi agire! Affidandoci sempre a quel meglio che noi ra-

---

25 *Connessione alla Vita*, di Giovanna Garbuio, Nui Loa srl, 2016.

zionalmente non sappiamo quale sia. Se lo facciamo, il nostro Io Superiore si sobbarcherà la grana di individuare la strada giusta per noi, ma poi noi dovremo percorrerla. Certo, se il meglio degli altri passa per il cancellare le memorie condivise... questo accadrà, ma non deve essere l'obiettivo!

Noi se siamo Amore emaniamo Amore e di questo certamente beneficia chiunque ci stia vicino. Il punto è che se io che sono Amore (tutti lo siamo) chiedo a te di assumerti la responsabilità di direzionare la mia vita con la tua "Luce", sto semplicemente negando il fatto di essere io Luce/Amore e la miglior Luce che può illuminare il mio cammino.

"Pehea ka la?", che in hawaiano significa "Cosa fai tu per far brillare la tua luce?", è certamente uno stimolo per chi invia Luce, ma soprattutto è un richiamo per chi si tarpa le ali sperando di prosperare sulla Luce che emanano gli altri. Non è così che funzionano le cose.

Perciò cercare al di fuori di noi qualcuno o qualcosa (un aiuto energetico pure) che ci risolva la situazione è un atteggiamento che ci allontana proprio dall'assunzione dell'efficace atteggiamento di responsabilità e di accettazione della nostra grandezza.

Tutto il potere viene da dentro...[26] Inutile andare a cercarlo dentro gli altri, che sono comunque un mio "fuori".

Nella stessa ottica dunque lamentarsi e cercare responsabilità esterne a noi non significa solo piangersi addosso senza motivo; lamentarsi è anche piangersi addosso con motivo. E la lamentela in un Universo d'Amore quale il nostro è non ha senso, non è prevista, non è "*consentita*". L'Amore è la consapevolezza che qualunque motivo serio e oggettivo ci pare di avere per compiangerci è solo un motivo apparente e Amare ci permette di trascenderlo, ma la prima cosa da fare è non

---

26 Mana, sesto principio huna.

crogiolarcisi e la seconda è non cedere il nostro potere ad altri.

Disperarsi non serve, non è efficace, non aiuta nessuno. Dire: "*Sono nel periodo più nero della mia vita*" e soprattutto crederci ci farà diventare sempre più disperati e magari contribuirà anche alla disperazione di qualcun altro, che verrà trascinato nel vortice energetico che creiamo (di cui comunque è lui il responsabile per se stesso). Mentre cercare il lato buono anche nella disperazione, sapendo che c'è (se tutto è Amore, l'Amore è in ogni cosa, in ogni persona, in ogni situazione), il contare sulle proprie enormi forze, l'impegnarsi in prima persona anziché andare in cerca di qualche facile bacchetta magica, che non esiste, o di qualche ancor più facile capro espiatorio, che esiste ma non è mai reale, è l'unico atteggiamento che può portarci a uscire dalla situazione efficacemente e soprattutto definitivamente.

Questo è il meccanismo in cui siamo immersi e questi sono i principi efficacissimi su cui si basa. Solo se accettiamo queste premesse possiamo davvero guarire da qualunque cosa. Se stiamo ad aspettare la magia da fuori, possiamo essere sicuri di una cosa sola: non arriverà!

Bando quindi ad atteggiamenti in stile "*Povero me!*", "*Me tapino!*", "*Quanto soffro!*", "*Le cose vanno sempre peggio*", "*Mi trovo in un bruttissimo periodo*" ecc., semplicemente perché, anche se sono constatazioni "vere", questa è esattamente la strada opposta alla semplice via dell'Amore che noi siamo! In questo modo ci stiamo solo allontanando dalla nostra felicità.

Perciò chiedere aiuto va benissimo. Un abbraccio, una parola gentile scaldano il cuore e aiutano ad andare avanti, ma i primi a essere aperti alle soluzioni dell'Universo (di cui noi siamo parte olografica e quindi è sempre a noi stessi che dobbiamo rivolgerci e siamo sempre noi gli unici e i più potenti a riguardo) siamo noi, che siamo i protagonisti della richiesta di aiuto. Se le cose accadono c'è sempre un motivo ed è sempre un motivo di evoluzione e di crescita. Demonizzarle, etichettarle come brutte, *come il peggio che mi potesse accadere* non fa altro che remare contro a tutto il processo di riarmonizzazione che la via dell'Amore ci consente di percorrere.

Non importa cosa. Basta continuare a pagaiare.

— Proverbio hawaiano

Responsabilità al 100% significa questo: significa che io posso cambiare la mia vita e rivoltarla come un calzino, ma non chiedendo aiuto agli altri o scaricando la responsabilità del mio malessere (situazione, sfortuna, contingenze, destino) e nemmeno del mio benessere sugli altri o su altro (lui/lei mi rende felice; senza di lui/lei la mia vita non ha scopo ecc.). Siamo in grado di essere decisamente oltre questi atteggiamenti che inconsapevolmente, per quanto possano fare tenerezza e compassione, sono solo autodistruttivi. E coltivarli, approvarli, enfatizzarli o anche condividerli e sostenerli fa solo il male del nostro prossimo, contrariamente a quello che diffusamente si crede. Contribuisce alla "*distruzione*" del richiedente, nonché aiuta a peggiorare la situazione energetica di chi risponde commiserando, capendo e compiangendo i poveri derelitti. Insomma, energeticamente un'operazione completamente controproducente per tutti.

Non si ricevono miracoli da fuori e chiederlo o farci conto è semplicemente un'affermazione, un decreto, della propria impotenza, un'incentivazione della propria bassa autostima e chi ci sostiene in questa operazione è questo che fa. Non ci risolve il problema, non ci sta davvero aiutando, ci dimostra ulteriormente che noi non ce la possiamo fare.

In questo Universo siamo noi gli artefici, le soluzioni siamo noi ad attrarle, a trovarle e a manifestarle. Magari anche attraverso l'aiuto di altri, non dico mica di no, ma il percorso lo dobbiamo fare noi, capire noi perché abbiamo intorno questo grande vuoto, questo dolore… non sono gli altri che possono togliercelo. Finché non si capisce tutto questo non stiamo usando il nostro potere e stiamo solo dimostrando di non aver compreso chi siamo.

Dentro di noi abbiamo tutte le risorse, anzi, le maggiori e più potenti risorse e chiedere aiuto al di fuori per lo più ottiene il risultato di limitare le nostre enormi potenzialità e di non permetterci di utilizzare davvero proficuamente il nostro potere! Perciò quello che dico sempre con tutto il cuore è: non smettiamo mai di credere in noi stessi, qualunque cosa terribile ci stia accadendo e soprattutto fidiamoci e contiamo su noi stessi! Noi possiamo tutto. Non indeboliamoci cedendo la nostra energia all'esterno.

L'origine del male non è altro che l'ignoranza, cioè un uso scorretto e inconsapevole delle potenzialità creative dell'essere umano. Impariamo a *sapere* come funzionano le cose!

Se il principio da cui parte tutto è che Tutto è Uno e l'Uno è Amore, perciò che tutto è Amore che evolve in direzione di se stesso, ne deriva logicamente che ognuno di noi è responsabile al 100% della sua realtà. E chi altri può avere potere sulla mia realtà se non io? Se io rinuncio a quel potere credendo che qualcuno possa risolvere le mie cose per me, cosa ottengo? È questione di logica, non di fede.

La creazione

Un giorno capirai la perfezione in ogni cosa che stai vivendo. Hai creato tu tutto questo: il libro che tieni tra le mani, la sedia sulla quale sei seduto e persino tutte le persone intorno a te.

Non sei solo tu il creatore o per lo meno diciamo che, a livello volontario, tu interagisci nella creazione con il tuo bambino interiore, che è colui con il quale hai viaggiato da sempre attraverso le tue innumerevoli vite.

Mettiamola così: i tuoi pensieri emozionati e sostenuti creano la tua vita. Nel frattempo il bambino interiore porta avanti la tua missione di vita per contribuire alla tua evoluzione, attraendo attraverso le memorie condivise le esperienze migliori, più adatte, più utili e funzionali (per questo perfette), che rispondono alla tua missione di vita.

Potrei mettertela in questo modo:

> *Energeticamente, essendo tutti collegati, tutti parte dell'Uno, ci attraiamo a vicenda per soddisfare i bisogni che richiede la nostra evoluzione.*

Non vedete in tutto questo la perfezione del Tutto? Senza parlare della "Missione di vita".

Vorrei essere sicuro che abbiate compreso che siamo Uno con il creatore, Uno con tutto e che siamo assolutamente immortali! Aggiungo anche che questa versione di te/me/noi è al 100% una con Dio. Non aspettare il trapasso a un'altra dimensione, speranzoso di sentire di più Dio. Tu sei Dio in questo momento perché lui è te. *Ora.*

Non voglio tediarvi con questo concetto e sinceramente non mi aspetto neanche che voi lo comprendiate semplicemente perché ve lo dico io, ma spero che quello che avete appena letto vi porti a riflettere e a ricordare ciò che già sapete.

Detto questo, tu sei parte di Dio perché sei Dio, in quanto Tutto è Dio (Tutto è Uno) e quindi tutto l'Universo si plasma attraverso i tuoi innumerevoli pensieri ed emozioni, i quali si annodano energeticamente agli infiniti fili penzolanti della creazione, che rappresentano le infinite possibilità. E una volta che la corda è spessa, ti attirano nell'esperienza che tu hai creato. Ci rendiamo dunque conto di quanto è importante tessere fili di gioia, Amore, serenità, salute, felicità?

Sicuramente ora vorrete sapere perché siamo qui... Io me lo chiedo sempre! Cercherò di fornirvi la mia più attuale versione di risposta, che corrisponde a ciò che penso oggi mentre sto scrivendo. Vi chiedo però un favore: potreste per piacere correggere la domanda da "perché siamo qui" in "come tutto è iniziato"? Sarà più facile per me spiegarvi quello che ho capito fino a ora.

Prometto di essere breve, anzi brevissimo.

Noi siamo tutti una cosa sola, tutti facciamo parte di una grande Anima. Vi basta? No. Lo sapevo.

E allora mi tocca dirvi quello che io percepisco come Verità: tutto questo è un'illusione, abbiamo creato un mondo di dualità e abbiamo iniziato a dividere il dipinto della nostra anima in miliardi di pezzettini, ma tutto questo non è mai accaduto. Quindi tutte le anime pensano di vivere una vita separata dalla grande Anima, ma non è così. Tutti noi viviamo uniti e facciamo esperienze diverse per conto della grande

Anima, perché ognuno di noi è la grande Anima nella sua totalità.[27]

Ora mi state per chiedere dove questa grande Anima voglia andare. Vi risponderò anche questa volta in modo molto veloce: da nessuna parte!

Questa grande Anima è Dio e sta solo osservando con immenso Amore questo mondo di dualità, un mondo dove tutti noi con tutta la nostra forza cerchiamo di meritarci il paradiso finale, quindi di liberarci dei paradisi astrale e causale per andarci a buttare nelle braccia di Dio.

Torniamo a parlare della missione di vita?

Tutto quello che ci accade fa semplicemente parte della nostra evoluzione. Vi dico una cosa: se solo noi riuscissimo a realizzare veramente quello che Siamo, tutto l'universo all'improvviso si dissolverebbe. Se avete spalancato gli occhi siamo sulla strada giusta. La missione di vita semplicemente si estende su tutte le vite che abbiamo vissuto e che vivremo. Dovremmo trattare come se fosse un giorno ogni singola vita, tenendo presente che questo Essere è pressoché immortale, almeno fino a quando non penserà di meritarsi di tornare a essere Uno con Dio. Perché in realtà tutto questo viaggiare tra i piani superiori è per arrivare a comprendere che ci meritiamo di essere Uno con Dio, di essere quindi Divini (cosa che di fatto Siamo già, ma ce ne siamo dimenticati e quindi ci "pare" di non esserlo).

Il nostro corpo è l'ultimo vestito che abbiamo indossato fino a ora, lo abbiamo lavato e accudito, lo abbiamo usato come uno strumento perfetto per sperimentare i nostri sensi. È normale che ci si tenga ed è giusto che si possa viverlo e sentirlo invecchiare, anzi è un nostro diritto farlo, ma ricordiamoci che lo indosseremo solo fino a quando con esso potre-

27 Cfr. Il sogno di Kanaloa.

mo imparare ed evolvere. Quindi, un consiglio, ricordiamoci che Siamo esseri spirituali che sono venuti a fare un'esperienza terrena e che oltre a soddisfare i sensi e l'ego abbiamo il compito di annaffiare l'anima, come disse Yogananda. Oh, quale meravigliosa descrizione.

Concludo questo argomento riflettendo su questa immensa frase.

Era molto tardi, una di quelle notti dove solo la stanchezza di ore di lettura era riuscita a portarmi a dormire.

Chiusi gli occhi e mi vidi disteso sul letto.

Una corda di particelle color argento mi univa al mio corpo mentre fluttuavo senza peso. Mi bastò soffiare per essere catapultato in un angolo della stanza. Soffiai ancora più forte, oltrepassai i muri e mi ritrovai a oscillare nel vuoto del cielo.

Sorpreso, mentre cercavo di capire questa nuova forma di gravità notai un'infinità di corde d'argento uscire da ogni casa: tutte salivano oltre le nuvole. Mi aggrappai a una di queste e senza sforzo la seguii.

Mi ritrovai su un verde prato; un uomo a cavallo corse verso di me e mi sorrise, poi iniziò a cavalcare portandosi via il filo color argento che tenevo tra le mani.

Un infinito filo scorreva tra le mie mani.

Lo strinsi forte e scesi da dove ero venuto.

Lo stesso uomo che avevo visto poco prima giaceva sorridente su un comodo letto.

Con grande felicità tornai nel mio letto.

Non vedevo l'ora di svegliarmi e raccontarmi quello che avevo vissuto.

Il bello nel brutto

L'unica spinta davvero utile per un cambiamento reale, come abbiamo visto, è quella che noi possiamo dare a noi stessi. Le spinte degli altri saranno magari degli stimoli, ma comunque dei palliativi, finché non saremo noi a decidere di cambiare atteggiamento e smettere di vedere il brutto nelle cose, invece di sapere che contengono l'Amore, qualsiasi cosa siano (il che non significa che non siano anche potenzialmente modificabili)!

> *Il brutto è sempre stato considerato come l'ombra del bello, come il suo fratello gemello cattivo; quindi sostanzialmente, all'inizio della nostra civiltà, il brutto ha la caratteristica analoga a quella del falso o a quella del male morale, cioè se ne vuole negare l'esistenza positiva.*
>
> — Remo Bodei

Racconta un'antica parabola che Gesù, passeggiando con i suoi discepoli, incappò nella carogna di un cane in decomposizione. Tutti i suoi amici girarono lo sguardo con malcelato disprezzo. Gesù diversamente, portò la sua attenzione all'animale morto e a voce alta dichiarò ammirato la bellezza della dentatura del cane.

Questo a dimostrare che il bello è presente in ogni cosa sempre!

La percezione dello sbaglio, del male, del brutto non dovrebbero mai allontanarci dalla ricerca del giusto, del bene, del bello, con la consapevolezza che sono presenti e che magari cambiando punto di vista possono essere più facilmente colti e ammirati. La bellezza, la caratteristica degna di ammirazione c'è ovunque, basta permettersi di riconoscerla. La volontà di distogliere l'attenzione da quanto di brutto o malevolo c'è in una data situazione non significa negare la presenza del vero e del bello nella stessa situazione. A volte è anche necessario guardare il brutto per coglierne il lato bello. Questo a dimostrare che l'operazione di negare che una data situazione procuri sofferenza e dichiarare che invece è bella (pensiero positivo a tutti i costi), senza lavorare per coglierne il lato davvero positivo, non è l'operazione che qui sto suggerendo. Mettere la testa sotto la sabbia e dire che ciò che ci fa stare male non ci fa stare male o non esiste non ha alcun senso e non è di alcuna utilità.

Per notare la perfetta dentatura di una carogna dovremo aver guardato anche la bruttezza dell'animale in putrefazione, ma lo avremo fatto con il sufficiente distacco e con la consapevolezza di cercarne comunque il lato positivo. Questo non significa convincersi che l'errore sia giusto, che il brutto sia bello o che il male sia bene; solo, avremo imparato a non permettere al male di impedirci di vedere il bene, che è comunque presente. In questo modo potremo davvero portare la nostra attenzione sul bello presente ovunque e potenziarne l'energia.

Non dimentichiamo che siamo calati nella molteplicità, situazione che evidentemente, se è e se si è realizzata, fa comunque parte del disegno cosmico ed è parte della perfezione del Tutto, con la sua utilità e la sua efficacia, altrimenti non sarebbe.

Quando torni a essere il tuo attraverso la presenza non sei più in balia delle tue emozioni ed esse non hanno più potere su di te. Il che appunto non significa non vedere (o non guardare) il male, giustificarlo o volerlo vedere bene a tutti i costi e non vuol dire nemmeno diventare più buoni, più altruisti o santi.

Vuol dire soltanto che, pur continuando ad avere lati di luce e lati di ombra, non ti identifichi più né negli uni né negli altri, consapevole dell'utilità (perfezione) di entrambi.

Decidi di essere pace, a prescindere da quale lato in questo momento tu stia manifestando, perché sei consapevole che gli opposti sono i lati della stessa medaglia, hai imparato a osservarti, luci e ombre, senza giudicarti.

> *Il cammino spirituale è un percorso a ritroso nel quale finalmente accogliete la totalità di voi stessi. Accogliete la luce e l'oscurità, il bene e il male, senza escludere niente. Finalmente accogliete tutto. Finalmente vi abbracciate interamente. E questo abbraccio è il perdono di tutto ciò che è stato. Fate la pace con tutto. E abbracciando voi stessi, abbracciate la vita nella sua totalità, senza un passato che vi trattiene, senza un passato che condiziona il vostro presente. Quel passato diventa allora la vostra ricchezza, non è più un condizionamento, ma conoscenza, saggezza.*
>
> — Marina Borruso

Se impariamo per abitudine a cercare il positivo in qualsiasi situazione e in ogni persona, con la consapevolezza che per quanto occultato e invisibile c'è sempre, sempre più facilmente riusciremo a riconoscere e a individuare il lato positivo delle cose, a indirizzare subito la nostra attenzione e quindi la nostra energia lì, modificando sensibilmente l'evolvere della situazione.

Semplicemente questo significa astenersi dal giudizio: evitare di catalogare una situazione prima di averle dato la possibilità di mostrarci il suo inevitabile lato positivo.

La critica distruttiva deriva solo dalla nostra staticità mentale, dalla nostra incapacità di comprendere come tutte le situazioni siano in evoluzione. Quando giudichiamo partiamo dal presupposto che la situazione che stiamo criticando sia statica come il nostro pensiero in quel momento e il nostro pregiudizio. Il pregiudizio, la critica sono sempre statici perché derivano da memorie, da schemi mentali costruiti su avvenimenti del passato che noi identifichiamo come quelli presenti, che invece, per il semplice fatto di essere presenti, sono appunto in evoluzione e quindi non criticabili. Giudicare significa attribuire caratteristiche statiche e preconfezionate a situazioni in movimento... operazione assurda.

Il segreto sta tutto nella consapevolezza che noi siamo perfetti esattamente così come siamo (ho'oponopono), come lo è la nostra situazione, qualunque essa sia. Perciò la cosa da fare è lasciar andare la convinzione di dover cambiare la situazione. La consapevolezza di questo produrrà un cambiamento reale alla nostra vita!

Cominciamo a dire "sì" senza condizioni alla nostra vita, alla persona che siamo e alla situazione che consapevolmente o inconsapevolmente ci siamo attratti.

Il cambiamento non avviene da solo e la bacchetta magica non esiste.

O meglio, i miracoli non avvengono perché da qualche parte qualcuno o qualcosa decide di concederci la grazia, ma avvengono – e avvengono copiosamente – quando noi siamo cambiati, perché tutto parte da noi e si conclude in noi!

La via parte dalla totale presa di responsabilità per tutto ciò che succede nella nostra vita, come abbiamo visto. Siamo completamente responsabili (e mai colpevoli) del nostro mondo esteriore perché esso deriva completamente dal nostro mondo interiore, del quale siamo naturalmente responsabili, e questo è comprensibile anche razionalmente.

Perciò noi possiamo cambiare la nostra realtà esteriore

cambiando il nostro atteggiamento, il nostro modo di vedere le cose, "*ripulendo le memorie attraverso la recitazione del mantra che è sempre rivolto a noi stessi, al nostro inconscio e tramite lui al Divino in noi*", per esempio!

Fare ho'oponopono nello specifico è un'azione che non può avere aspettative. Non posso fare ho'oponopono perché "*odio il mio lavoro, voglio cambiare*", bensì sono in ho'oponopono e amo le opportunità di cambiamento che il mio lavoro mi procura.

Attraverso questa via troveremo una trasformazione che ci condurrà a una pace duratura, a prescindere da ciò che ci accade intorno.

L'obiettivo è quello di tornare all'origine, alla Pace e alla beatitudine dell'origine e magari ritrovare questa beatitudine anche nel lavoro che non ci piace, sapendo che pur non riuscendo a vederla invece c'è. Ma dobbiamo sapere che c'è, altrimenti lei di suo non comparirà... nemmeno recitando il mantra, che non è la bacchetta magica, perché tutta la magia è in noi e basta!

I problemi si generano (le memorie si formano) a causa della nostra incapacità di accettare la nostra perfezione e la perfezione della nostra vita.

La nostra serenità dipende proporzionalmente dalla nostra capacità di accettare ciò che è. Il conflitto interiore, l'attrito con l'Universo, la sofferenza traggono origine dalle situazioni in cui non riusciamo ad accettare la perfezione.

Abbiamo due possibilità, due sole vie da seguire: continuare ad aver paura di perdere qualcosa o di aver perduto qualcosa, ad aver paura di restare o essere soli, ad aver paura di non essere amati, ad aver paura di lasciarci andare e continuare a soffrire oppure smettere di temere il futuro, consapevoli che niente può davvero farci del male, che quello che è successo ce lo siamo attirati solo e soltanto noi con l'obiettivo di evolvere, di diventare una persona migliore, di stare bene e godere finalmente della gioia che scaturisce dall'accettazione incondizionata della realtà.

Inoltre, sappiamo ormai benissimo che la paura, qualsiasi paura, poiché ci procura ansie e frustrazioni a non finire aumenta anche le probabilità di manifestare quello che temiamo di manifestare. Senza paure, al contrario, muovendoci in una condizione priva di ansie e preoccupazioni, con la consapevolezza che il bello (la scintilla divina) è presente ovunque, (anche nella cosa che a prima vista ci appare più orribile), le probabilità di mantenere e ottenere ciò che desideriamo o che comunque ci consentirà di essere sereni e stare bene aumentano.

Lasciamo andare le nostre paure, lasciamo andare la convinzione che il brutto sia solo e inesorabilmente brutto e saremo persone libere, con la bella aggiunta che più saremo sereni, più manifesteremo e godremo di situazioni che ci procureranno serenità.

Tutto quello che accade lo fa sempre per un motivo ottimo, oltre qualunque nostra immaginazione.

Non pensiamo a cosa ci ha tolto una determinata situazione, pensiamo invece a cosa ne possiamo guadagnare. Concentriamoci sulle soluzioni. Immaginiamo le soluzioni. Chiediamo indicazioni all'Universo e stiamo sereni più che possiamo. Ogni momento sereno che passiamo accorgiamocene, ringraziamo e catalizziamone l'energia. Vedremo come si amplificherà. Impariamo che la soluzione è sempre compresa nel problema, basta lasciarla venire fuori! Ma finché ci ostiniamo a vedere nelle situazioni i "*problemi*" anziché le opportunità... sarà davvero dura uscirne!

Contemporaneamente, impariamo a dedicarci alle cose nostre; possiamo mettere a disposizione la nostra "*saggezza*", la nostra conoscenza, la nostra consapevolezza, ma non possiamo imporla e non possiamo nemmeno far capire le cose a chi non è in grado di capirle, perché non vuole, perché non può, perché non sa, perché non deve o anche perché no… perché sono io che ho capito male.

L'unica persona che ha davvero il potere di farmi stare bene sono io, nessun altro. Certo, gli altri possono mettermi a disposizione i loro strumenti e facilitarmi il cammino, ma se non sono io che prendo in mano le redini della mia vita con impegno, lavoro, convinzione, disponibilità, esperienza, sacrificio, concretezza, pratica, non otterrò nulla! La conoscenza non si tramanda senza che ci sia stato un lavoro profondo da parte di chi la riceve, perché la saggezza non si può proprio tramandare, si può contribuire a trasferirla a chi già ce l'ha in se stesso! Io, solo e soltanto io sono in grado di trasformare la conoscenza (che anche qualcuno mi offre) in saggezza! In questo senso nessuno può fare stare bene le altre persone. Solo io ho il potere di farmi stare bene. E finché non si supera la convinzione limitante che ciò che viene da fuori possa influire sul nostro benessere, saremo disposti a strapagare (e non solo in denaro) chi sostiene di potercela dare e allo stesso modo, sempre a causa di questa convinzione limitante, saremo convinti che chi ne possiede la capacità *deva* (sia suo dovere imperativo) trasferirla gratuitamente e quindi non saremo disposti a pagare nemmeno il giusto scambio, perché crediamo che sia nostro diritto riceverla "gratis" (dove con gratis si intende senza sforzo, che può essere quantificato in denaro o altro).

Non importa niente "quanto costi" all'altro trasferircela; in fin dei conti lui è un privilegiato a essere un "illuminato" (confesso di non aver ancora ben capito cosa sia esattamente un illuminato... ma tant'è!). È un nostro diritto, punto!

La perfezione del Tutto

Iniziai a pormi domande e iniziai a sentire queste risposte emergere. Da quel giorno in poi sempre di più sono convinto di aver aperto un canale di conversazione con la coscienza della mia anima. Qui vi riporto delle domande e delle risposte riguardo al titolo di questo libro e a svariati argomenti sui quali ho focalizzato la mia curiosità.

"Il Tutto che cosa è esattamente? Quando parli della perfezione del Tutto intendi che tutto è perfetto proprio così?".

"Il Tutto è Dio e tutto è perfetto".

"Quindi stai parlando della perfezione di Dio?".

"Sì, sto parlando di Dio, che è il Tutto".

"Ma Dio è perfezione?".

"Sì, Dio è perfezione".

"Quindi, se Dio è perfezione tutto quello che avviene è perfetto e indiscutibile. Dio ci ama tantissimo, ogni cosa è perfetta così com'è per la nostra evoluzione".

"Sì, esatto".

"Tutto qui? Abbiamo già finito?".

"In teoria sì, ma sei sicuro di aver compreso Dio?".

"No, non è facile comprendere Dio".

"Allora, se non hai compreso Dio non hai compreso cosa sia il Tutto e quindi neanche la perfezione del Tutto, ricominciamo?".

"Sì, ricominciamo".

"Prima di iniziare a comprendere cosa sia Dio andiamo un po' a ritroso. Com'è nato Dio?".

"Dio è sempre esistito".

"Ottimo, mi piace come risposta, ma tutto ha avuto inizio, giusto?".

"Sì, credo".

"Il processo creativo è cominciato quando Dio ha diviso in due la coscienza cosmica attraverso la legge della creazione. Anzi, diciamo quando Dio ha deciso di discendere e iniziare la creazione".

"La legge della creazione?".

"Mettila in questo modo: da uno stato immobile di puro Amore, Dio ha deciso di mostrarsi e pensandosi si è creato".

"Pensandosi? Mostrandosi a noi?".

"No... noi non c'eravamo. Mostrandosi a se stesso. Ricordati che è ogni cosa ed è semplicemente tutto una nostra illusione. Dio non si è mai mosso; infatti, immobile al centro di ogni cosa risiede la Madre Divina, proprio perché al di là del centro di creazione non esiste nessuna vibrazione, se non la casa del grande sognatore".

"Ora la chiami Madre Divina? Il grande sognatore?".

"Sì, Dio ha tanti nomi proprio perché non ha nessun nome".

"Ora mi stai dicendo che è un qualcosa di immobile al centro di ogni cosa e che esiste un di qui duale e un di lì privo di ogni cosa che è Amore. Che è il tutto e che ha deciso di mostrarsi? È una nostra illusione?".

"Bravo. Benissimo, vedi che ci stai arrivando".

"Non ci sto arrivando, sono confuso. Perché Dio che è Amore ha voluto esperimentare l'Amore?".

"Allora ti racconto una fiaba. Tanto tempo fa Eva e Adamo vivevano nel giardino dell'Eden in totale armonia".

"Sì, la conosco questa storia, tutti la conoscono".

"Tutti *pensano* di conoscerla. In questo giardino ci sono solo banane tanto per iniziare".

"Banane?".

"Sì, tanto non dobbiamo concentrarci sulle piante, ma su quello che rappresenta il giardino dell'Eden. Cosa rappresenta secondo te?".

"Un posto bellissimo dove vivevano in armonia nudi senza accorgersene, perché Dio era sempre con loro e quindi vivevano nella purezza divina".

"Quasi ci siamo, ti do una mano. Dio è ogni cosa?".

"Sì, è ogni cosa".

"Bene, allora se è ogni cosa, anche il giardino è Dio?".

"Sì".

"Quindi Dio è il giardino, non è un uomo anziano barbuto che osserva".

"Credo di aver capito".

"Cosa rappresenta il giardino?".

"L'Amore?".

"Sì, anche. Rappresentava il fatto che tutto era una cosa sola e dunque Eva e Adamo erano una cosa sola con Dio, con ogni cosa".

"Quindi il giardino dell'Eden rappresenta l'unione, il Tutto?".

"Bravo, finalmente lo hai capito. Torniamo alla nostra storia... I nostri due amici se ne stavano in pace e nell'Amore totale, ovviamente bellissimi e nudi senza mai brontolare, senza nessun bisogno... Guarda che non sto dicendo roba da poco, ho detto senza nessun bisogno, mi sarei aspettato una reazione a questa affermazione".

"Hai ragione, riflettendoci è realmente incredibile pensare di non aver bisogno di niente".

"Torna a concentrarti, che cosa rappresenta il giardino?".

"Il luogo della perfezione, della pace dove tutto è in armonia".

"Ti do un aiutino, rappresenta l'immobilità di Dio. Mi spiego meglio: l'indiscutibile affermazione creatrice, matrice dell'Amore, il pensiero costante non influenzabile del grande sognatore, Dio".

"Mi stai dicendo che il giardino non esiste e che in realtà tutto è solo uno stato di eterna gioia non comprensibile perché non esistente?".

"Ti sto dicendo che il giardino non esiste e che anche tu in un certo senso non esisti, così come non esiste niente, ma per convenienza andiamo avanti con la nostra storia e immaginiamoci i due nudi amici correre in giro per mantenersi in forma. A un certo punto senza ragione si fermano sotto un albero di banane, il quale parla loro".

"Un albero di banane parla?".

"Sì, tutto è in comunicazione se è al di là della vibrazione. Ovviamente Tutto è Uno, sia al di qui che al di là, ma sono livelli diversi di comunicazione. Uno è costante e uno deve rammentarsi la sua natura".

"Ok, penso di aver capito".

"L'albero dopo averli salutati dice a loro di essere felice di vederli e iniziano a parlare di come ogni cosa nel giardino si nutra di energia cosmica".

"Energia cosmica?".

"Sì, il respiro di Dio; anche se è una vibrazione e ha un suono specifico, in realtà avrei dovuto dirti che si nutrivano dell'Amore di Dio".

"Forse sto capendo".

"Eva a questo punto è curiosa e chiede alla pianta di banane che sapore abbiano i suoi frutti. La pianta le risponde che non lo sa, perché non li ha mai assaggiati. Eva le chiede se è curiosa, la pianta le risponde che non si era mai posta nessun tipo di domanda fino a quel momento. Eva le dice che la assaggerà per lei. Adamo grida di non farlo. Lei gli chiede perché e lui le risponde che non lo sa.

Un serpente, passando casualmente di lì, dopo aver ascoltato i loro discorsi dice a entrambi che forse sarebbe giusto assaggiare la banana, per poi dire alla pianta che sapore abbiano i suoi frutti. Adamo ribadisce che nessuno ha mai mangiato nulla, perché ogni essere si è sempre nutrito dell'Amore di Dio. Dopo aver fatto questa affermazione si rende conto di non aver mai pensato alla parola nutrimento e alzando lo sguardo al cielo ammicca a se stesso. Tutti a questo punto decidono che sia giusto non assaggiare la banana, anche il banano. I due, però, incuriositi iniziano a chiedere a tutti gli esseri che abitano nel giardino dell'Eden se mai qualcuno abbia mangiato qualcosa. Tutti rispondono di no. Il serpente il giorno dopo fischiettando torna davanti all'albero e trova anche Eva e Adamo. Tutti e tre dopo aver filosofeggiato riguardo al meraviglioso giardino, non riescono a resistere alla tentazione di sapere che sapore abbia questa banana, per poi dirlo all'albero. Eva a questo punto prende la banana e sull'indicazione degli ingredienti nell'etichetta legge che c'è del potassio e la porge ad Adamo, il quale guardandola le dice che in effetti il potassio fa un gran bene a uno come lui, che corre ovunque per mantenersi in forma. I due si guardano, poi guardano l'albero e il serpente. Eva sbuccia la banana e la assaggia".

"E arriva Dio?".

"No. Non arriva. La mangia tutta e poi spiega che sapore ha questa benedetta banana".

"Dio non arriva a buttarli fuori dal giardino?".

"No".

"Ma scusa, e tutta la storia che poi vengono buttati fuori?".

"Quelli si chiamavano Adamo ed Eva e hanno a che fare con le mele".

"Ho capito. E adesso che succede?".

"Niente, praticamente rimangono nel giardino dell'Eden felici e contenti".

"Tutto qui?".

"Non l'hai capita? Non ci posso credere. Noi siamo nel giardino dell'Eden anche adesso e proprio come fecero loro che iniziarono a percepire di non poterne più fare parte, così stiamo facendo anche noi. È tutta un'illusione; noi siamo sempre rimasti una sola cosa con Dio. È questa costante energia che emettiamo che ci fa pensare di non meritarci di essere una cosa sola e quindi viviamo separati nella dualità".

"Non ho capito: è tutta un'illusione questa separazione?".

"Sì".

"Quindi Dio non si è arrabbiato con loro?".

"È assolutamente contento".

"Ho capito, quindi abbiamo smesso di nutrirci dell'Amore di Dio e abbiamo creato questo mondo egoico".

"Bravissimo, l'anima delimitata dal nostro corpo e dalla creazione duale dovuta dal credere di non meritarci di essere divini ha creato l'ego, la coscienza mortale".

"Viviamo in un'illusione, creata da noi stessi?".

"Sì, circa è così. Scusa, torniamo alla storia che ti ho raccontato, la comprendi la perfezione del tutto nel vedere che Dio non si è arrabbiato?".

"Sì, non può arrabbiarsi perché lui è un Dio di Amore".

"Sono sicuro tu abbia anche capito che mi sono inventato completamente questa storia solo per testare e per insegnarti altre cose utili, come la non esistenza del peccato e del perdono. Se tu avessi compreso che cos'è la dimora del supremo sognatore, ti avrei detto che al di là della vibrazione del centro della creazione esiste solo il totale, sempre esistente e non vibrazionale stato di gioia. So che per te non è facile immaginare un luogo che in realtà è la tua vera Essenza".

"Quindi il giardino dell'Eden non esiste?".

"Esiste, dal momento che tu lo hai sognato. Io ti ho mostrato che se lo sogni in un modo differente esso assumerà una forma e una verità differente. Tutto è semplicemente un sogno".

"Un sogno? E chi è il sognatore?".

"Il grande sognatore, il quale ti sta sognando, e tu suo figlio, finestra sulla creazione!".

"Ho creato la mia vita?".

"Sì certo, anche se in realtà spero tu abbia compreso che non esiste!".

"Come, non esiste la vita?".

"Questa è la morte, quando viviamo questa esperienza sappiamo che dobbiamo morire e quindi questa è la morte. Quando passiamo dall'altra parte entriamo nella vita".

"Veramente non ci avevo mai pensato".

"Ecco perché Gesù diceva 'lasciate che i morti seppelliscano i morti'".

"Sono sconvolto. Voglio saperne di più. Mi sembra tutto così strano, ma allo stesso tempo incredibilmente vero. Quindi, dopo che moriamo andiamo al di là del centro della creazione, nella non vibrazione?".

"Non ho detto questo, ho detto che il fine è quello di smettere di sognare e di allinearci con il sogno costante del Divino, che sogna solo Amore, e per fare questo dobbiamo liberarci del corpo fisico, astrale e causale, liberandoci della ruota della reincarnazione e di questi piani. Come dentro, così è fuori; evolvendo vi libererete e tornerete alla fonte".

"Credo di aver capito che la perfezione è in tutto. Siamo tutti una cosa sola e tutto è perfetto, ma faccio fatica a comprendere perché esista la sofferenza".

"Potrei dirti che sia la sofferenza sia la felicità sono semplicemente delle esperienze ed entrambe sono perfette. Siamo qui per portare avanti la nostra missione, una missione lunga forse un milione di vite, per poi salire ai piani più alti della nostra evoluzione. Comprendere la perfezione del Tutto è il nostro compito. Dobbiamo dedicare il nostro tempo a comprendere la perfezione del Tutto. Noi pensiamo di vivere in un mondo tridimensionale lineare quando invece viviamo in un mondo multidimensionale non lineare. Il tempo non esiste".

"Noi non esistiamo, mi hai detto prima, e ora mi dici che il tempo non esiste, non capisco più niente".

"Siamo esseri multidimensionali che vivono un'infinità di vite nello stesso momento e il tempo è solo una nostra creazione".

"Quindi tu credi nella reincarnazione?".

"Gesù ne parla continuamente nei vangeli apocrifi. Nel Vangelo di Tommaso, tornato alla luce nel 1945, quindi esente da rimaneggiamenti e censure, è scritto:

Un giorno chiedemmo a Gesù: 'Quale sarà la nostra fine?'. Ed Egli ci rispose: 'Se scoprite il principio non dovrete preoccuparvi della fine, perché dove è la fine, là è il principio. E chi conosce il principio, conosce la fine e si libera dalle morti'. Disse proprio così, 'dalle morti' e poi aggiunse: '*Volete sapere in che modo un uomo si libera dalle morti? Divenendo consapevole di essere già esistito prima di ogni nascita'.*

"Ma non è scritto nella Bibbia?".

"Anche nella Bibbia trovi passaggi che parlano di reincarnazione: *Elia è già venuto e non l'hanno riconosciuto; anzi, gli hanno fatto tutto quello che hanno voluto. Allora i discepoli capirono che egli aveva parlato loro di Giovanni Battista.* (Matteo, 17, 12-13)".

"Mi stai dicendo che noi siamo esseri immortali?".

"Sì, noi siamo esseri immortali, viviamo come ti ho detto prima un'infinità di vite nello stesso momento, visto che il tempo non esiste. Quello che è importante capire a questo punto è che noi siamo esseri spirituali che sono venuti a fare un'esperienza terrena e quindi non si parla di una missione di vita, ma di un'esperienza che dura tantissime vite; il tutto descrive la nostra meravigliosa finta evoluzione spirituale".

"Evoluzione spirituale, anzi, finta evoluzione spirituale?".

"Sì, stiamo cercando di abbandonare la dualità che percepiamo, che è solo una nostra creazione, per tornare a essere Uno con il creatore, anche se anche questa è una bugia".

"Quindi ci prendiamo in giro?".

"Sì, ci stiamo prendendo in giro, anche se poi come sai è tutto perfetto. Viviamo in un'illusione creata da noi e ci autopuniamo inventando cose assurde come la colpa".

"Ora mi dici che la colpa non esiste? Tutte le religioni dicono che siamo peccatori e che abbiamo bisogno del perdono".

"Bè, non proprio tutte le religioni e le filosofie dicono questo, anzi moltissime non lo dicono proprio. Comunque te lo avevo detto prima: la colpa e il perdono non esistono. Dio è un Dio di Amore e vuole solo che tu riconosca te stesso come tale, vede te come parte di se stesso che sta facendo un'esperienza. Dio sorride con grande dolcezza nel vedere noi combattere con tutte le nostre illusioni. Dio non ci lascerebbe andare per nessun motivo al mondo, anzi, non può lasciarci andare perché noi siamo Dio. Ricordi la bugia che ti avevo raccontato prima? È stata la nostra percezione di non meritare di essere Uno con lui a creare tutto questo, ti rendi conto di quanto potenti siamo? Vedi la perfezione del Tutto adesso? Vedi che hai creato tutto tu per continuare a evolvere e ricongiungerti con quello che sei sempre stato, Dio?".

"Cioè Dio vede una parte di sé pensare di non essere Uno con lui, vede questa parte creare il suo mondo, mentre vive nella paura del peccato, cosa inconcepibile per un Dio che è solo puro Amore e quindi lui sta sognando, ma ha dato a noi la possibilità di sognare nel suo sogno. Dimmi qualcosa di più sulla reincarnazione".

"In realtà nulla esiste, siamo sempre stati Uno con Dio e lo saremo per sempre".

"Scusami, mi stavi parlando di reincarnazione e ora mi dici che non esiste?".

"Non ti ho detto che non esiste, ti ho detto che è una tua creazione e quindi sì, esiste".

"Fermati un attimo: se io riuscissi a realizzare che sono Dio e che non mi sono separato mai da lui, tutto si dissolverebbe e io tornerei a essere Lui?".

"Ti ho detto che attraverso la tua evoluzione riuscirai a tornare alla fonte".

"Parlami ancora... quindi noi potremmo dissolverci all'improvviso realizzando di essere una cosa sola?".

"Sì, ma vedi... hai paura di pensarlo e questo mostra i tuoi limiti. Concentrati solo nell'amare ogni cosa, perché solo così potrai accelerare la tua evoluzione e vivere anche qui nella pace e nella gioia".

"Ma è meglio tornare in Dio o vivere?".

"Ancora non hai capito, non cambia nulla, non sei mai uscito da Dio quindi è tutto perfetto. Non capisci che ogni cosa che io ti dica riconduce al fatto che tu sei Dio e che questo tuo sogno è solo per riportarti al tuo stato originario di consapevolezza?".

"Perché Dio ha deciso di mostrarsi a se stesso con questo mondo di dualità?".

"Nulla esce da Dio e tutto è Dio. Te l'ho detto, lui è al centro di ogni cosa, perché tutto proviene dal centro di ogni cosa, tutto è Dio, tutto è te".

"Cosa intendi per il centro di ogni cosa?".

"Quando parlo di centro intendo il centro del Tutto che è presente in ogni cosa".

“Mi stai dicendo che è il centro dell’Universo?”.

“Se vuoi vederlo in un modo limitante, sì”.

“L’universo è limitante?”.

“Un piccolissimo neutrino si dirige verso un corpo umano. Essendo infinitamente piccolo vede un cielo stellato, non vede il corpo. Vede stelle e pianeti che in realtà sono nuclei ed elettroni. Un cielo stellato”.

“Quindi forse quando guardiamo il cielo vediamo un corpo?”.

“Tutto quello che vuoi... Se tu volessi, ti potresti allontanare così tanto da vedere in realtà che la figura che stai guardando è te stesso. Che l’universo in realtà è dentro di te e anche fuori”.

“Non voglio capire questi concetti”.

“Bravo, hai detto la parola giusta: non vuoi capire perché già sai e preferisci rimanere in questo mondo che ti sei creato”.

“Tu mi stai dicendo che io sono Dio e posso creare qualsiasi cosa. Io voglio e mi sono creato questo mondo?”.

“Io ti sto dicendo che tu sei parte di Dio, ma che non sai di esserlo e per questo hai creato un mondo che sembra non perfetto, ma che in realtà è perfetto”.

“Come fa a essere un mondo imperfetto ma perfetto?”.

“È perfetto per il tipo di evoluzione che hai creato, hai scelto tu ogni cosa”.

“Posso cambiare?”.

“Puoi fare ogni cosa, ma prima hai assolutamente bisogno di fare tue due regole fondamentali: siamo tutti una cosa sola e nulla esiste”.

“Mi stai dicendo che tutte le persone che vedo sono una mia estensione, ma che in realtà nulla esiste, perché essendo tutto una mia creazione non mi sono mai spostato dal giardino dell’Eden, che in realtà rappresenta l’unione con il creatore, quello che tu chiami il Tutto, ma che neanche quello esiste perché Dio è solo Amore e che tutte queste storie che mi racconto sono solo mezzi per permettermi gradualmente di comprendere la mia vera Essenza, che non ha a che fare con questo mondo duale, ma è semplicemente Amore, un Amore che è oltre alla mia comprensione perché è sempre costante?".

"Nulla esiste, perché non ti sei mai spostato dal Creatore e tutto esiste perché questo non lo comprendi".

"Io voglio comprenderlo".

"Tu vuoi comprenderlo, ma poco fa mi hai detto che non vuoi rinunciare all'esperienza. Accetti di essere una cosa sola, ma hai paura di cancellare questo mondo che hai creato, perché in realtà tu hai paura di non vivere in un mondo duale".

"Sì, ho paura di non essere".

"Ti capisco, non è facile comprendere quello che cerchi da sempre ovunque: l'immensa beatitudine. Se solo per un istante potessi percepire l'Amore vero che è dentro di te, potresti unire tutti i centri dell'universo. Ogni cosa diventerebbe una cosa sola. Ti ricordi quando ti dicevo che Dio è al centro di ogni cosa? Ora aggiungerò una cosa importantissima: tu sei al centro di ogni cosa. Incontrando Dio in te che è il tuo centro, uniresti tutti i centri, che in realtà sono già tutti uniti, ma è solo la tua percezione a tenerli separati... Uniresti il creato".

"Sono in uno stato confusionale, ma so che non voglio non essere quello che sono".

"Ti capisco e ti dico che è tutto perfetto".

"Ma anche quando avrò una figlia o un figlio lei sarà in realtà me stesso? Perché non riesco a comprendere che siamo tutti una cosa sola, a volte riesco e a volte non ho questa comprensione".

"Tutto è te e tutto non è te, perché nella tua illusione tieni tutto separato. Se solo rivolgessi lo sguardo dentro te stesso ti accorgeresti che il mondo non è altro che te".

"Credevo che comprendere la reincarnazione fosse difficile e poi mi hai detto che in realtà nulla esiste. Per tutte le altre cose che abbiamo affrontato fino adesso hai detto la stessa cosa dicendomi che in realtà è tutta un'illusione, ma questa illusione è vera la sento e la vivo. Potrei chiamarla vita?".

"Sì, puoi chiamarla come vuoi, ogni linguaggio e ogni parola servono a te. Inizi a vedere la bellezza in quello che ti sto svelando?".

"Sì, grazie".

"Veramente dovresti aver compreso che in realtà anche io sono una tua creazione e tutte queste cose che ti sto dicendo le stai dicendo tu a te stesso".

"Credo di aver compreso di essere molto più di quello che sono, semplicemente credo di aver compreso di essere un creatore e di aver creato te così da poter accelerare la mia evoluzione".

"Io sono te, noi siamo Amore".

"Grazie per questa conversazione, ho capito tante cose, anzi mi sono detto tante cose".

Risveglio

Cosa vuol dire "risveglio" e, cosa più importante, qual è la via che ci conduce al risveglio?

Allora, partiamo dal presupposto raggiunto con "Il sogno di Kanaloa". Tutto è un sogno del sognatore e ognuno di noi è contemporaneamente parte del sogno ma anche il sognatore.

Risvegliarsi a questo punto vuol dire raggiungere uno stato di presenza consapevole in cui non ci sentiamo più separati dal resto di ciò che è. Perciò lo stato che chiamiamo *risveglio* è semplicemente essere se stessi, non imparare, fare o diventare. Lo stato di risveglio non è qualcosa che può essere descritto a parole, si può solo esserlo.

Per cui qui non parlerò del risveglio, parlerò solo di alcune modalità per raggiungere questo stato/non stato, che non può essere raggiunto, perché la coscienza che noi Siamo è già lì (alla faccia del paradosso da niente)!

Normalmente (non sempre, ma per lo più) il risveglio spirituale è preceduto da un senso di insoddisfazione e di frustrazione riguardo alla vita che stiamo conducendo. Non tanto alla vita quotidiana in sé, quanto piuttosto alle motivazioni che ce la fanno condurre. In qualche modo ci sentiamo inadeguati rispetto a un sentire superiore che ci pare di individuare dentro di noi.

Cosa del mio modo di condurre la vita contribuisce ad accrescere questo "*sentire*"? Questa è la domanda che comincia a darci una certa inquietudine.

Nel momento in cui iniziamo consapevolmente a porcela (la domanda può essere formulata anche nelle forme di: *Chi sono? Perché sono? Dove mi sto dirigendo?*) la strada è aperta. Da questo momento cominceremo a intuire cose che ci condurranno sempre avanti e che ci stimoleranno a proseguire la nostra ricerca. Da questo momento cominceremo a pensare diversamente, a emozionarci diversamente, ad agire diversamente, ad assistere a sincronicità, a comprendere che nulla è determinato dal caso e soprattutto cominceremo a osservare questo nostro pensare, emozionarci e agire. È l'Universo che ci viene incontro, attraverso il meccanismo che noi stessi abbiamo messo in moto attraverso il potere dell'intenzione, l'intenzione di comprendere, che è un altro modo per dire risvegliarsi.

> *"Cosa dovrei fare allora per svegliarmi?".*
> *Il semplice desiderio profondo, portato avanti con costanza e in maniera sistematica, conduce alla meta. È la vera motivazione che conta, non la forma. Dalla meta si viene attratti come da un magnete. È d'importanza cruciale il fatto stesso di ricordarsi sempre che si sta compiendo un percorso sacro. Con determinazione e perseveranza, nonostante la noia, la disperazione e, talvolta, la totale mancanza di convinzione. Rammenta che la macchina biologica non vuole svegliarsi e troverà mille scuse. Puoi anche non fare niente, quindi, ma devi ricordarti in continuazione che il tuo scopo è il risveglio. E questo, in realtà, ti richiede uno sforzo continuo. La pratica spirituale – ridotta all'essenziale – è solo l'intenzione continuamente riaffermata.*
>
> — Salvatore Brizzi

Tutto sta a seguire il flusso che l'esistenza ci propone **in presenza**, rendendoci conto di ciò che accade nel momento in cui accade. Essere in costante osservazione dunque.

In questo momento comprenderemo di aver girato a vuoto finora, senza sapere che ciò che cerchiamo è soltanto e sempre colui che sta cercando e che è incredibilmente a portata di mano sempre in quel solito *qui* e *ora*.

Se penso che la ricerca spirituale mi porterà a ottenere emozioni migliori, situazioni migliori, relazioni migliori, sto sbagliando strada. Questi potranno essere (forse) soltanto effetti collaterali.

Risvegliarsi non significa cercare la Libertà, l'Unione, la Ricchezza, la Soddisfazione, la Realizzazione, la Beatitudine, l'Anima gemella ecc. Tutto questo ci verrà concesso in sovrappiù se ci sarà utile e se ottenerlo ci renderà veramente felici. Sarà un effetto collaterale del mutamento del punto di vista dal quale vediamo la realtà.

> *Cercate prima il regno di Dio e la sua giustizia, e tutte queste cose vi saranno date in aggiunta.*
>
> — Matteo 6,33

Anche questo l'abbiamo già detto.

Risvegliarsi significa semplicemente individuare, riconoscere il "*Regno di Dio*". Regno di Dio che non può che trovarsi, realizzarsi nell'unico momento e nell'unico luogo reale: qui e ora. Tutto ciò di cui abbiamo bisogno per trovarlo è già dentro di noi e si chiama "*consapevolezza*". Qui e ora noi *Siamo*, non abbiamo bisogno di migliorarci o di cambiare o di cambiare il mondo là fuori. Qui e ora semplicemente Io Sono!

Comincia ad accogliere la prospettiva secondo la quale il tuo cammino è giunto al termine. Il desiderio di migliorarti è distrazione, pericolosa distrazione. Fai dell'attenzione profonda e raccolta a ciò che sei adesso la sola priorità. Fai della testimonianza silenziosa del Regno di Dio la sola urgenza nella tua vita.

— Alessandro Baccaglini

La presenza consapevole porta con sé quali caratteristiche intrinseche le qualità di cui abbiamo detto, perché la consapevolezza è Libertà, la consapevolezza è Unione, la consapevolezza è Ricchezza, la consapevolezza è Soddisfazione, la consapevolezza è Realizzazione e tutto insieme è Amore come esperienza dell'Unità!

Le varie pratiche che da tutte le parti ci vengono proposte ci consentono più facilmente di restare consapevolmente nel *qui e ora,* osservando chi siamo senza identificarci nell'immagine di sé, ma non sono il risveglio e non conducono nemmeno al risveglio, sono strumenti che possono aiutare, fino al momento in cui capiamo che non è nemmeno necessario nessuno strumento. Nel qui e ora possiamo osservarci e cominciare a ricordare chi siamo... semplicemente partendo dall'intenzione di farlo. Solo a questo punto tutto l'Universo in cui viviamo torna a essere pulsante e vivo insieme a noi.

Perché risvegliarsi significa riconoscere l'esistenza di quell'Io immutabile che non è la nostra personalità, che non si riesce a descrivere, ma che c'è ed è l'unica Vera Realtà, l'Unica Coscienza, quell'Io che è in grado di osservare tutto ciò che avviene e che si può riconoscere in quell'indefinibile senso di essere, che inconsapevolmente trascuriamo e che è la prima cosa di cui la consapevolezza ci permette di accorgerci.

A quel punto scopriremo che anche il risveglio è un'illusione, perché ciò che Siamo veramente Esiste comunque, che ne siamo consapevoli o meno, ed è ciò che è. Ci osserva con la nostra consapevolezza o senza ed è il mistero, ecco il paradosso del dualismo (che è anch'esso un'apparenza).

Riconoscere la propria Reale Identità non passa né attraverso la ricerca dell'estasi né attraverso la manifestazione di poteri soprannaturali, né tantomeno attraverso la risoluzione dei problemi o la demonizzazione della materialità e della quotidianità. Riconoscere la propria Reale Identità consiste in un completo rovesciamento della propria prospettiva, permettendosi comunque di continuare a vivere praticamente la propria quotidianità, riconoscendone però continuamente la bellezza (o la scintilla divina).

Spesso la nostra ricerca spirituale si basa solo sul desiderio di migliorare la nostra vita materiale come obiettivo, quindi risolvere i nostri problemi, essere più sereni, trovare l'Anima gemella, raggiungere la serenità economica ecc. Vorremmo cambiare le cose. E invece ci accorgeremo che svegliarsi significa solo comprendere che non c'è niente da cambiare, perché tutto quello che è è sempre il meglio. Ma finalmente sapremo riconoscerlo e goderne a prescindere... E solo a quel punto avremo in mano gli strumenti per cambiarlo (bel paradosso non c'è che dire!).

Noi abbiamo la possibilità di riprendere in mano le redini e direzionare consapevolmente la nostra vita rendendoci conto, nel momento in cui le sperimentiamo, delle emozioni, dei pensieri, delle intenzioni, delle parole che usiamo, dei desideri, delle passioni ecc. In una parola, attraverso la "*presenza*". Se noi siamo presenti, siamo consapevoli e possiamo scegliere, scegliere dove focalizzare la nostra attenzione, la nostra energia e quindi la nostra manifestazione.

"L'energia fluisce dove si concentra l'attenzione", ci ricordano gli hawaiani.

È normale (per normale intendo che la media della gente lo fa) pensare che i nostri stati d'animo siano determinati da ciò che accade nella nostra vita. Qualcosa accade e noi siamo convinti che l'emozione che proviamo sia determinata da ciò che è accaduto. Vediamo dipendenti, cioè, i nostri stati d'animo dalle situazioni che si verificano.

Siamo abituati a far derivare il nostro stato d'animo dagli avvenimenti esterni che viviamo, siamo stati cresciuti in questo modo, ci è stato sempre insegnato che io sto bene o male in base a ciò che accade nella mia vita. Invece il meccanismo funziona proprio al contrario di ciò che siamo sempre stati abituati a credere.

Io non sono felice perché ho successo,
ma ho successo perché sono felice!

In realtà il meccanismo parte dai nostri stati d'Essere, che sono ciò che dà origine agli eventi, alle situazioni della nostra vita, non viceversa. E finché non comprendiamo il funzionamento reale del meccanismo, non riusciremo davvero a esercitare il nostro potere su di esso. Quando avremo compreso tutto al punto di avere effettivamente la capacità di esercitare il nostro potere sulla realtà, non avremo nessun interesse a farlo, perché avremo raggiunto la palese consapevolezza che le cose vanno benissimo come sono.

Le nostre emozioni negative con il loro perpetuarsi nel tempo sono l'origine delle situazioni di cui ci lamentiamo e più ci lamentiamo, più viviamo emozioni negative che originano situazioni di cui ci lamentiamo, in un vorticoso e infinito circolo vizioso.

Allo stesso modo le nostre emozioni positive con il loro perpetuarsi nel tempo sono l'origine delle situazioni di cui gioiamo e più ne gioiamo più viviamo emozioni positive che originano situazioni di cui gioiamo, in un vorticoso e infinito circolo virtuoso. Ed è possibile godere di questo circolo virtuoso anche senza la consapevolezza di esserne i fautori. Il mondo è pieno di bellissime persone amorevoli che sono serene perché sono positive "*di natura*", senza essere consapevoli del meccanismo. Ne godono i frutti perché appunto "*naturalmente*" hanno un atteggiamento efficace per la manifestazione del benessere... pur non sapendolo. Ma la consapevolezza del meccanismo ci permette di alimentare volontariamente questi effetti, come la medesima consapevolezza ci permette di bloccare il circolo vizioso di cui sopra.

Quindi sostanzialmente la strada efficace per manifestare determinati eventi è quella di creare dentro di noi le condizioni emozionali corrispondenti... prima! Non aspettando che siano gli eventi a determinare le emozioni. Ci hanno sempre insegnato che l'emozione e la buona volontà sono pressoché inutili rispetto agli avvenimenti della vita, che ci si presentano come fortuiti, casuali e tendenzialmente negativi. Quel turbinio di situazioni incontrollabili che quotidianamente ci sommergono ci è sempre stato dipinto come esageratamente superiore alle nostre forze per pensare di poter avere qualsiasi tipo di controllo su di esso.

Invece, incredibilmente tutto sta a imparare a "*vedere*" che dietro alle situazioni "*fortuite*", come cause delle situazioni stesse, ci siamo sempre noi, con i nostri stati dell'essere, quelli che davvero determinano il manifestarsi delle situazioni.

Più potente ed efficace di qualunque soluzione pratica e materiale c'è sempre il nostro cambiamento.

La più grande illusione in cui vive l'umanità è esattamente questa: la convinzione di poter cambiare le situazioni agendo sugli eventi senza curarsi delle emozioni, che invece sono ciò che veramente origina gli eventi.

Noi possiamo solo cambiare noi stessi e, paradossalmente, è la cosa potenzialmente più efficace che possiamo fare!

L'universo è perfetto così com'è. L'unico che deve cambiare sono io! Anzi direi ancora di più: l'unica cosa che deve cambiare è la mia percezione dell'Universo, che me lo fa vivere come doloroso e sbagliato!

Originare intenzionalmente in sé il cambiamento dei nostri stati dell'Essere ci innalza al punto da permetterci davvero di spostare le montagne e ci consente di essere consapevolmente i creatori del mondo esterno. Intervenendo sui nostri stati interiori, sulla polarità dei nostri pensieri e delle nostre emozioni, non solo modifichiamo il nostro atteggiamento abituale e quindi la nostra influenza reciproca sugli eventi cosiddetti "*esterni*", ma incredibilmente modifichiamo prepotentemente la natura stessa delle situazioni che caratterizzano la nostra quotidianità. Perché ciò che è fuori dipende da ciò che è dentro e non viceversa, come ci è sempre stato insegnato.

Ecco quindi che il più importante ed efficace lavoro che possiamo fare per il nostro bene e per il bene dell'umanità è imparare a rimanere "in presenza", imparare quindi a osservarci e a essere consapevoli dei nostri stati dell'essere nel momento preciso in cui sono. Questo e solo questo è ciò che può contribuire all'agognata "pace nel mondo"!

L'osservazione attenta di se stessi sempre con più presenza, consapevoli dei propri pensieri, delle proprie emozioni, degli atteggiamenti che assumiamo, delle nostre reazioni ci consentirebbe di vedere effettivamente come funziona tutto il marchingegno e di vederlo sperimentalmente anziché accettarlo, come abbiamo fatto finora, per sentito dire, perché qualcuno ci ha insegnato che le cose funzionano così!

La perfezione del Tutto anche nel passato

"Caro, come stai dopo tutto quello che ci siamo detti?".
"Sono confuso, ma felice di aver compreso di essere eterno, ho meno paura della morte e credo di iniziare a credere a quello che mi hai raccontato riguardo al fatto che io sia Divino".

"Hai compreso che gli errori sulla terra sono solo temporanei? E che tutta l'idea di una punizione eterna è assolutamente una creazione umana per controllare te con la paura?".

"Ho compreso che noi esseri umani non siamo delle brave persone e che tutto questo depotenziamento ci ha fatto dimenticare chi in realtà siamo. Ma come hanno potuto permettere tutto questo? Perché?".

"Non dare la colpa a nessuno al di fuori di te, perché tutto è in te, infinite memorie collettive giacciono in una parte del tuo subconscio, oltre alle memorie che hai accumulato da questa vita e da tutte le vite precedenti".

"Memorie collettive? Intendi che in me ci sono le memorie di tutte le persone nel mondo?".

"Intendo dire che nel tuo subconscio esiste una essenza di collettività, la quale ti rende partecipe all'evoluzione della grande anima".

"Grande anima? Intendi il Tutto?".

“Intendo quella parte del Creatore che non si è mai davvero separata, ma che crede di sì e crede di non meritare di essere una con esso. Quella che crede nella falsa dualità proprio come te. Attento, non sto dicendo che la coscienza della tua anima, cioè il Divino in te, abbia bisogno di imparare, ti sto dicendo che in realtà tutti gli strati attorno a essa non le permettono di esprimere la sua originale unicità divina, cioè la gioia sempre nuova, l’infinito Amore.

Prova a immaginare una cipolla: sbucciandola, alla fine giungerai a comprendere che è composta solo da strati e che la sua vera essenza è Essere. Senza porsi troppe domande protegge la grande verità, il nulla. Tutto è perfetto”.

“Continui a ripetere che tutto è perfetto, ma io prima di parlare con te non mi ponevo tutte queste domande. Cosa posso fare per rendere la mia vita più facile?”.

“Credo che la tua vita sia meravigliosa. Scusa, perché non tieni in considerazione che hai scelto tu ogni cosa? Ti ricordi quando in quella meravigliosa stanza hai scelto addirittura dove nascere? Su, smettila di lamentarti e cerca di vivere questa tua ennesima vita da creatore. Letteralmente, cerca di riconoscere l’immenso potere in te, che in realtà è comprendere che basta essere, che siamo parte del nulla e che la nostra individualizzazione è frutto di un vaso collettivo”.

“Ti faccio un esempio: se un uomo tradisce sua moglie e lei lo viene a scoprire, come posso vedere la perfezione in tutto questo?”.

“Ogni cosa che accade è letteralmente chiamata dalle nostre memorie, le quali rispondono alla nostra missione di vita, quindi le due persone, che sono in realtà soltanto diverse frequenze dell’Uno, si incontrano per cancellarsi. Ricordati sempre che tutte le anime lavorano insieme e che la loro polarizzazione positiva o negativa poco c’entra; è la loro unione che dissolve le memorie attraverso le esperienze”.

"Esiste un modo più semplice per liberarsi da queste memorie?".

"Sì! La presa di responsabilità, che è la totale comprensione che siamo tutti una cosa sola e quindi in questo atto di Amore la colpa non esiste e perciò neanche il colpevole".

"È il mezzo più potente?".

"È uno dei mezzi che tu hai creato per uscire dalla tua illusione, così come la consapevolezza o il dichiarare che siamo divini".

"Vorresti dire che la presa di responsabilità mi libererebbe dal continuo accadere di eventi simili?".

"Tutto quello che tu hai vissuto fino a oggi è una lezione. Sicuramente avrai notato che si continuano a ripetere le stesse situazioni e che, anche se cambiano gli interpreti, lo spartito vibrazionale che suonano è quasi sempre lo stesso".

"Sì, è vero, sembra quasi che se non risolviamo qualcosa si ripresenti in un altro modo per permetterci di risolverlo".

"Non solo, tutto si ripete perché ti Ama, fino a quando tu potrai iniziare ad amare anche quello che non hai mai pensato potesse essere amato".

"Mi stai dicendo che la soluzione a ogni cosa è Amare?".

"Ti sto dicendo che tutto è Amore e il suo fine è vibrare nell'Amore. Ricordi la dimora di Dio, il luogo oltre la vibrazione dove l'Amore è?".

"Sì, mi ricordo, oltre il mondo duale la dimora del Creatore, là dove l'Amore è cristallizzato nella sua unica realtà costante senza vibrazione, in una forma immobile, la quale non è soggetta a variazione perché è immutabile, quindi senza opposti, perché è la essenza creatrice".

"Giusto! È la sostanza dalla quale tutto è stato creato, tutto nasce e ritorna nell'Amore".

"La mia consapevolezza può comprendere che tutto sia Amore, ma fa fatica a vedere come forma d'Amore le guerre".

"Cerca di vedere il Tutto nella sua perfezione e soprattutto come insegnamento, tutti e tutto quello che arriva nella tua vita lo fa solo con l'intento di portarti alla tua introspezione, a lavorare alla tua realizzazione del Sé".

"Spiegami meglio, per favore".

"Con la realizzazione del tuo Sé potrai abbracciare il Divino e fonderti con esso nel suo immenso Amore, liberandoti da ogni tuo bisogno duale. Non è solo un raggiungere un senso di completezza, è essere la completezza senza il bisogno di realizzarla".

La "Religione" universale

Mani in alto in nome della legge! Di quale legge, del lupo o del gregge? Non sparare in nome di Dio. Di quale Dio, del tuo o del mio?

— Jovanotti

Non esiste un Dio migliore di un altro, semplicemente perché ogni Dio è lo stesso Dio. Nello stesso modo non può esistere una religione vera e una religione falsa. Al limite, può esserci un credo più sovrastrutturato e più mal interpretato di un altro, ma la verità alla base delle filosofie spirituali è sempre la stessa: l'Amore.[28]

Siamo tutti raggi di un unico sole, ci ricordano gli anziani andini.

L'Amore che sento io nel mio cuore non è né diverso né migliore né peggiore di quello che senti tu o di quello che sperimenta chiunque altro, anche si trovasse all'altro capo del globo. Indipendentemente dal fatto che chi sta provando Amore lo attribuisca alla presenza di un qualche dio nel proprio cuore o no.

Quando qualcuno Ama in modo incondizionato, Ama e basta. L'Amore è Uno… è l'Uno!

---

28 Cfr. *Ho'oponopono. Tutte le strade portano all'Amore*, di Josaya; Bis Edizioni, 2012.

L'Amore è ciò che ci rende tutti una sola famiglia. L'Amore è ciò che ci rende uguali gli uni agli altri, all'interno della nostra unicità. L'Amore è l'energia che ci spinge ad ampliare la nostra prospettiva mentale fino a comprendere la visione del cuore.

L'Amore è ciò su cui ci si basa e ciò che accomuna ogni religione, ogni tradizione filosofica, ogni disciplina spirituale, ogni saggezza ancestrale e ogni azione materiale. L'Amore è l'Energia unica e originaria che ci rende tutti Uno.

L'Amore è la percezione dell'Unità

Dimostrare la tesi secondo la quale "*Tutto è Uno*" (tesi, come abbiamo visto, abbastanza antica e piuttosto diffusa in tutto il globo) comprenderebbe anche la dimostrazione di come tutte le dottrine, tutte le strade, conducano alla stessa meta: il regno dei cieli, che non si trova necessariamente nei cieli, ma è più probabile corrisponda al naturale modo di essere del genere umano. Naturale modo di essere, che al giorno d'oggi appare così complicato e arduo da raggiungere, semplicemente perché abbiamo scordato quanto semplice, fluida, ovvia e naturale appunto sia la strada che ci conduce lì.

La Verità è Una, le vie per raggiungerla sono moltissime... almeno una per ogni abitante del pianeta Terra e non ce n'è una di più vera e una di meno vera, una di più legittima o una di meno legittima quando sono caratterizzate da onestà, rispetto ed efficacia. Sono tutte vie raccolte in filosofie, in dottrine, in saggezze e in "*religioni*" più o meno antiche, più o meno rivelate o più semplicemente in idee e in modi di vivere. Ma la Verità è sempre la stessa.

E la Verità è ciò che ci renderà davvero liberi e ci permetterà di superare quello che in molti amano definire il nostro karma, che altro non è che la disarmonia che ci separa dalla coscienza dell'Unità, ossia quell'Amore che è l'Essenza di tutte le dottrine e di ogni disciplina efficace, nonché dell'Uomo stesso.

Gli hawaiani dicono che "*esistono molti sentieri per raggiungere la cima della montagna!*".

Siamo tutti anche troppo consapevoli di tutte le differenze e le caratteristiche che ci rendono diversi gli uni dagli altri, non si fa che sottolinearle e parlarne continuamente. Siamo tutti sempre in contatto con una realtà di divisione, tra popoli, stati, culture, razze, ceti sociali, religioni, filosofie, tifoserie, quartieri, vicini di casa... Tutti sempre in continua competizione gli uni contro gli altri, al grido di "*mors tua vita mea*"[29] anche quando questo non è per nulla necessario (senza accorgerci che non è mai necessario!). Ci facciamo fagocitare da questa visione separatista di conflitto e competizione, considerandola il modo naturale di vivere, solo perché ci siamo dimenticati che il modo più naturale e semplice e produttivo di vivere è quello che si rifà all'Essenza pura dell'essere umano e che si basa sulla tolleranza e sulla cooperazione.

Condividere per moltiplicare.

Non siamo tanti singoli individui costretti a combattere per sopravvivere, siamo tutti parte di una sola e stessa entità identificata come umanità; la tolleranza e la cooperazione sono gli atteggiamenti che possono fluidamente permetterci, anziché di sopravvivere, di cominciare a vivere pienamente. Sarebbe un po' come se le cellule di uno stesso organismo invece che cooperare tra loro si combattessero. Quando questo accade, ciò che si origina si chiama "*tumore*"!

Ogni essere umano ha sogni, bisogni e desideri uguali o assimilabili a quelli degli altri. Siamo tutti costantemente alla ricerca della stessa felicità, tanto che se ci prendessimo la briga di rifletterci su, ci accorgeremmo di avere molte più cose in

---

29 La tua morte è la mia vita (solo se tu muori io posso vivere).

comune che differenze[30] e ci renderemmo soprattutto conto che queste cose in comune sono quelle che potrebbero sviluppare costantemente relazioni di cooperazione, anziché di conflitto, dove la cooperazione risulta sempre un'operazione molto più produttiva ed efficace della lotta e del conflitto... Non fosse altro che perché non lascia mai né morti né feriti e nemmeno contusi sul campo.

Abbiamo tutti l'esigenza di riconoscere chi veramente siamo e di manifestarlo, abbiamo tutti bisogno di Amare e di sentirci Amati. In sostanza abbiamo tutti bisogno di riconoscere di essere in connessione con la Vita e quindi di entrare in comunicazione con essa.

L'Amore quando è davvero "*vissuto*" dissolve le diversità (riconoscendone la ricchezza) e le nostre paure, attraverso la consapevolezza di chi Siamo: **noi siamo l'Amore, siamo l'Assoluto**, siamo quella Realtà in cui non esiste la morte, non esiste il pericolo, dove la sofferenza è originata solo dall'attaccamento e dall'ignoranza di chi Siamo. Ma anch'essi, attaccamento e ignoranza, fanno parte del gioco in cui la Coscienza si "*muove*", in un eterno e immutabile Essere da cui tutto ha tratto la sua origine, di cui tutto è impregnato e verso cui tutto si dirige.

Questa è la consapevolezza dell'Amore: *tutto è* ed è sempre stato e sempre sarà, con il paradosso che veicola questa affermazione in una situazione di non-tempo.

Noi siamo in viaggio e siamo il viaggio di questa Essenza Cosciente che passa attraverso la Vita (e che è la Vita), affermando se stessa ed evolvendo verso l'espansione di se stessa. La consapevolezza dell'Amore (sapere di essere Amore) è ciò che ci permette di intraprendere questo viaggio attraverso la bellezza, la realizzazione, l'armonia, la gioia per la vita, per

---

30 Cfr. *Il Cerchio della Vita*, a cura di Giovanna Garbuio, Nui Loa, 2018.

gli altri che siamo noi stessi, per noi stessi che siamo gli altri, riconoscendo la nostra Natura Assoluta, senza timori, perché non siamo niente e al contempo siamo ogni cosa, in qualunque caso!

Da questa consapevolezza deriva anche la cognizione che non esiste una via più vera di un'altra (sempre a patto che ci siano di base integrità, rispetto, dedizione, competenza, esperienza, intelligenza e naturalmente efficacia). Quando ci sentiamo in dovere di sottolineare che solo questa è la "vera scuola" e che solo questo o quello sono abilitati a diffondere i "veri insegnamenti", quando ci sentiamo nella necessità di combattere per difendere la "vera scuola" e i "veri insegnanti" stiamo semplicemente perdendo di vista la saggezza vera. Quando ci sentiamo autorizzati a smascherare coloro che diffondono certi insegnamenti senza esserne "*legittimati*", a costo di attacchi e lotte senza quartiere, perché solo chi è "*legittimato*" può mostrare la Luce e gli altri no, perché solo chi è "*legittimato*" può parlare con Dio e gli altri no, stiamo semplicemente perdendo di vista la saggezza vera.

La preoccupazione stessa riguardo questo tipo di legittimazione non ha alcun senso. Ciò che è autentico si legittima da sé. Il bisogno di farlo denota un'insicurezza e probabilmente un'ignoranza di fondo, anche riferito alla dottrina stessa, che si ha il bisogno di legittimare. Non ha senso difendere e sostenere una dottrina, una scuola di pensiero, dimostrando o immaginando una legittimità di cui innanzitutto non si dovrebbe sentire la necessità, nel caso di un'autorevolezza reale e intrinseca della stessa e comunque che non può essere assegnata da alcun mortale per qualcun altro. Perché nessuno conosce davvero il cuore di un altro.

Per determinare l'autenticità di un percorso o di una saggezza dovremo valutarla in base a caratteristiche quali l'onestà, la competenza, la sperimentabilità, l'efficacia. Non è perché una via spirituale è antica o è stata trasmessa di kahuna[31] in kahuna che sia la sola o tantomeno blindata!

Cosa dà legittimità a un percorso spirituale? Che sia in auge da più o meno tempo? Che sia più o meno conosciuto? Che sia più o meno ampio in una visione spaziotemporale? Ciò che è antico vale, ciò che è moderno no? Che sia riconducibile a un Maestro o che non lo sia?

Io penso che ciò che dà autorevolezza a una via sia l'autenticità di chi la sta seguendo e l'autenticità di chi sta seguendo un determinato percorso conferisce autorevolezza e legittimità al percorso.

Con questo non intendo dire che in giro non ci siano fior di ciarlatani o "improvvisatori dello spirito e mercanti di salvezza" (ne è certo pieno, anzi strapieno il mondo) ed è anche giusto ed etico sottolinearlo quando li incontriamo, facendolo sempre con il necessario distacco (soprattutto se qualcuno ci chiede la nostra opinione in merito). Ma non è certo attraverso la mia necessità, il mio bisogno di smascherare loro o semplicemente quelli che non la pensano come me che proverò la fondatezza o che darò autorevolezza a ciò che diffondo io o alla dottrina che io ritengo l'unica!

Un percorso spirituale, vero, efficace richiede impegno, cervello, cuore, pratica, umiltà e rispetto per gli insegnamenti ricevuti di chi ci è passato prima di noi e ci ha messo il cuore e la faccia. E questo impegno, questo ardore, questa coerenza, questa perseveranza saranno quelli che tracceranno profondamente il *mio* cammino interiore, che concorrerà ad amplificare, a dare respiro e legittimità a quella dottrina che naturalmente sarà senza firme, senza diritti di proprietà, senza autorizzazioni e senza copyright.

La questione dunque è che la legittimità di un percorso spi-

---

31 Sciamano hawaiano.

rituale non è cosa individuabile da me per te o da me contro di te. Inoltre il bisogno di entrare in conflitto per dimostrare tale legittimità o illegittimità ha il solo effetto di delegittimare me, che sto lottando per salvaguardare il mio popolo, la mia cultura, la mia religione, il mio maestro che, ribadisco, se è autentico si legittima benissimo da solo! Il conflitto genera solo conflitto, solo dall'armonia può espandersi armonia.

Tutte le dottrine efficaci, le filosofie, le saggezze, le religioni (che sono innumerevoli e in continuo divenire) hanno veicolato per l'uomo questo medesimo messaggio, anche attraverso i vari processi e le varie pratiche le quali sono tutte, indistintamente, nient'altro che strumenti per facilitare una condizione che ci permetta di cogliere il messaggio (che non è la pratica): noi siamo l'Assoluto e tutto è Assoluto (non c'è qualcosa che lo è di più e qualcosa che lo è di meno, ovviamente).

Quando ci convinciamo che non sia così, che non tutto è l'Assoluto, che non tutto è Dio, che non tutto è divino, ecco che ricadiamo nel conflitto, nella lotta, nell'intolleranza, nella sofferenza. Quando pensiamo che ci sia qualcosa di superiore e qualcosa di inferiore, quando ci convinciamo che la razza umana sia superiore, quando ci convinciamo che chi fa un percorso spirituale sia superiore, quando ci convinciamo che esista una sola via, quando ci convinciamo che l'uomo non sia Dio, ma che lo sia solo una parte di lui o che invece sia solo *il preferito* di Dio, ci convinciamo che ci siano cose più Assolute e cose meno Assolute! Ecco che tutto perde il suo senso. Ecco che assumono invece un senso la lotta, il conflitto, la paura, il bisogno di controllo, ecco che la morte diventa qualcosa di reale ecc. Certo, non è semplice uscire da queste convinzioni che fanno parte di noi da secoli e secoli, ma la verità è semplice, a portata di mano e passa per l'esperienza dell'Amore: Io Sono l'Assoluto e tutto lo è!

Ecco la perfezione del Tutto!

Queste sono le caratteristiche che ci uniscono tutti e sulle quali si potrebbe lavorare molto proficuamente.

Se non accettiamo di evolvere insieme, ci fossilizzeremo in un'unica direzione, destinando la nostra filosofia (ma non solo quella, anche la nostra stessa evoluzione e quindi la vita) all'oblio della stasi.

> *C'è una sola religione: la Religione dell'Amore. C'è una sola casta: la Casta dell'Umanità. C'è un solo linguaggio: il Linguaggio del Cuore. C'è un solo Dio: Egli è onnipervadente.*
>
> — Sai Baba

Che appaia bene o male, bello o brutto, giusto o sbagliato, buono o cattivo, tutto quello che incontriamo sul nostro cammino non è la realtà oggettiva delle cose, è il riflesso che noi vediamo dal nostro punto di vista e l'etichetta (bene o male, bello o brutto, giusto o sbagliato, buono o cattivo, dottrina legittima o illegittima) che gli attribuiamo riguarda noi, il nostro punto di vista e chi siamo da quel punto di vista, non la realtà nella sua oggettività!

Ognuno incontra sempre e solo se stesso, nelle persone, nelle cose, nelle situazioni, perché tutto è Uno e non esiste altro che se stesso, l'Uno! Gli altri sono i "me" che io percepisco fuori di me. Le cose le situazioni che mi accadono sono le caratteristiche di "me", sono gli stati del mio Essere che io proietto e vedo fuori di me e sono lì con il solo e unico scopo di farmi comprendere i miei reali stati di coscienza. Sono io il contenitore del mondo, non è solo il mondo che contiene me, semplicemente perché io sono l'individualizzazione dell'Uno e se tutto è Uno io sono l'Uno che contiene le mie percezioni illusorie, io sono il contenitore del mondo e sono il mondo che mi contiene.

Quando comprendo questo meccanismo, risulta inevitabile che io smetta di temere il mondo, perché temere il mondo significherebbe avere paura di me stesso. Tutto ciò che vedo, sento, annuso, tocco è Luce solidificata, ma è sempre e solo la mia Luce, perché Io Sono l'unica Luce! Quello che noi siamo è esattamente quello che siamo sempre stati e sempre saremo: un aspetto individualizzato di quell'Amore che è Tutto, che è Uno e che è Assoluto. Perciò come individualizzazione dell'Uno (dell'Amore) ognuno di noi ha in sé le caratteristiche immutabili dell'Amore e la nostra vera natura è questa. Tutto è Uno, quindi anch'io sono Uno. Non esiste il due, non esiste il "molti", non esiste l'altro! O meglio, tutte queste cose esistono, ma dipendono dalla mia modalità di percezione e sono un riflesso di me stesso[32] quale individualizzazione dell'Uno, perciò anch'essi parte dell'Uno stesso.

32 Cfr. *Gli specchi esseni*, di Giovanna Garbuio, Edizioni Il Punto d'Incontro, 2018.

Vivere e sopravvivere

Tutti pensano di essere vivi? Non lo so, ho quasi la sensazione che alcune persone non si siano mai poste questa domanda, che semplicemente vivano e che non abbiano mai avuto il bisogno di comprendere più di quello che i cinque sensi offrono loro. Quasi come degli zombie, non escono mai dai solchi che qualcuno ha tracciato per loro. Vedono il bello in quello che tutti dicono essere bello, creano la loro vita in base a quello che fa felice le altre persone. Nascono in un gregge e una volta dentro non si pongono troppe domande. La cosa più incredibile è che le loro emozioni sono completamente allineate con quelle del gregge. Sono così abituati ad aver paura che tremano o sorridono senza ragione solo perché tutti lo fanno. I loro sogni sono quelli del gregge, nessuno ha tempo di fermarsi a guardare dove stia andando il gregge, tutti sono sicuri che ci sia un buon pastore e nessuno desidera diventare pastore, perché decidere non è una cosa *naturale* per una pecora.

Poi, un bel giorno salendo per un'altura scoprono che a guidarle è una pecora proprio come loro e allora iniziano a sognare di diventare come lei, spingono fino a raggiungere la prima fila e una volta giunte vicino a quelle pecore che idealizzavano si accorgono che il gregge viene guidato sempre lungo lo stesso percorso e così comprendono che non desiderano diventare quelli che lo guidano. Troppo grande è la responsabilità di dirlo a tutti, che in verità anche chi li guida ha paura di prendere nuove strade. Così tornano in mezzo al gruppo e poco dopo si dimenticano di tutto quello che hanno visto. E anche questo è tutto perfetto. Contribuisce alla realizzazione del disegno cosmico e all'espansione dell'Amore globale... E tutte quelle pecore non sono altro che grandi anime che hanno accettato di giocare il ruolo di pecore per il bene globale.

Avevo quasi 14 anni quando un giorno mi accorsi di essere Vivo. Camminavo per strada, il sole forte batteva incessantemente e il calore che saliva dal cemento mi faceva pensare all'arrivo delle vacanze. Come la maggior parte delle persone, vivendo nel relativo a ogni situazione accostavo un valore, in base alle esperienze precedenti. Riflettendo su questo decisi di comprendere il mondo esteriore attraverso l'unione con ogni cosa intorno a me, per capire se il risultato producesse felicità. Iniziai a sommarmi a tutto quello che avevo intorno. È un po' come andare in giro con se stessi e cercare di addizionarsi con qualsiasi cosa che esista, per poi poterne trarre la somma. Se mi sommavo ai miei amici il risultato non mi soddisfaceva. Ed era la stessa cosa con la scuola o con la società. Non desideravo fare lo stesso lavoro che facevano tutti e non volevo rimanere a vivere neanche nel luogo dove ero nato.

Solo quando mi sommavo a mia mamma e alla mia famiglia il risultato produceva un senso di gioia.

Gli anni che seguirono furono dedicati al conformarmi con il mondo. Potete sicuramente immaginare con quale risultato. Notai che la maggior parte della gente viveva la propria vita. Sembra assurdo affermare questo, eppure non mi ero mai soffermato a contemplare il fatto che altre persone realmente vivessero una vita separata da me. Ero davvero così concentrato a vivere nella mia vita da non aver mai cercato di immedesimarmi nelle altre persone? Provai a immaginarmi vecchio con tanti nipoti e mi venne facile percepire la gioia che potrebbe provare un nonno, bambino e coccolato, padre di famiglia.

Andai oltre cercando di immaginarmi come un uccello e provai la gioia di sentire il vento. Mi immedesimai addirittura in una casa e iniziai a sentire la sua accoglienza. Scoprii che potevo essere tutto quello che volevo, potevo vivere ogni cosa, sapevo di vivere in un sogno e di essere un sognatore e di avere la possibilità di cambiare la mia prospettiva a piacimento. Feci ogni sforzo per uscire dalla limitatezza del mio corpo.

Crescendo mi ritrovai spesso a confrontarmi con amici e parenti scivolati in situazioni poco piacevoli. Iniziai a chiedermi il perché. Perché Dio non aveva potuto creare un mondo solo di gioia? Perché questo pendolo continuava a mostrami la sua oscillazione?

Convenni su due idee ben precise, *karma* ed *esperienza*.

Non potevo credere in un Dio di preferenze e quindi cercai di capire il perché alcune persone fossero più avvantaggiate di altre. E la risposta fu semplice: io non potevo sapere chi fosse veramente avvantaggiato, anche se certe apparenze erano palesi.

Non potevo non vedere questo corpo come un vestito indossato dall'Anima. Tutto si riduceva semplicemente ancora una volta ad addizionare se stessi a qualcosa, precisamente alle nostre azioni. Semplicemente ora mi era possibile vedere la perfezione del Tutto, vedere la perfezione di ogni cosa e per farlo mi era bastato cambiare la mia prospettiva. Comprendere di essere anima prima di ogni cosa e non corpo.

Ogni esperienza lavora a livello evolutivo? Ogni esperienza vuole modellare cosa? La prima cosa da mettere in chiaro è che l'anima non ha bisogno di comprendere nulla, anzi essa ha una visione di noi perfetta, ci vede al 100% in serenità, pace, salute ecc.

E quindi che cosa deve apprendere? Partiamo dal comprendere che l'Anima è la nostra vera Essenza ed è perfetta.

Ma facendo parte della creazione del nostro sognatore, cioè Dio, essa si aggrappa al pendolo oscillante della dualità e fino a quando la sua coscienza incarnata non apprenderà di avere il potere di sognare e cambiare lo sfondo sul quale il pendolo oscilla, è *costretta* a vivere solamente sul sentiero tracciato della sua missione di vita.

Avete notato che tutto quello che avviene nella nostra vita avviene solamente per portarci in introspezione? Vuole portarci a riflettere e a comprendere che siamo esseri immortali, che siamo parte del Tutto. Tutte le volte che facciamo qualcosa di sbagliato e facciamo soffrire qualcuno, sentite quella voglia di tornare indietro nel tempo e non rifarlo? Forse sono troppo ottimista nel pensare che tutti i lettori di questo libro possano vivere questo mio risveglio personale, ma sono sicuro che alcuni mi possano comprendere.

Posso vedere la perfezione in ogni cosa? La risposta è sì!

Tutto è perfetto, perché tutto è Amore; anche la persona che non ti ha trattato bene è stata chiamata da te per fungere da strumento per il tuo risveglio. Il fine della nostra Anima è quello di liberarsi di tutte le bucce (Maka'ala Yates parla di strati della cipolla) dell'ego che coprono la sua visuale, come una cipolla che si pulisce a strati, fino a che si giunge al nulla, comprendendo che l'ultimo strato ti accompagna al vuoto. Liberandoci così di tutto il karma accumulato nelle vite precedenti e cercando di raggiungere il nulla spogliandoci dell'ultimo strato ci uniremo al nulla che è il Tutto. Ci uniremo al grande sognatore al di là della sua creazione nel suo sogno costante che in realtà è la sempre nuova e beata gioia.

Sono sicuro che a molte persone spaventi il fatto di non esistere fisicamente, il fatto di immaginarsi nel nulla, anche se nella sempre beata gioia. Però vi invito a riflettere su quanto noi amiamo dormire. Sapete perché? Semplicemente perché ogni notte torniamo nelle braccia del Creatore, ci liberiamo del corpo fisico per andare nell'assoluto.

Lo stato "oltre la beatitudine" è lo stato di ininterrotta pace mentale che si trova nella condizione di quiete assoluta, o "sonno consapevole", che assomiglia a un sonno profondo privo di qualsiasi attività. In questo stato, nonostante possa esserci attività del corpo e dei sensi, non c'è consapevolezza esterna. Uno yogin che si trovi in questo stato non agisce anche se sembra immerso nell'attività. Questo stato si chiama anche sahaja nirvikalpa samadhi, *stato spontaneo di assorbimento in se stessi senza concetti.*

— Sri Ramana Maharshi

È un po' come morire e rinascere ogni giorno, ma grazie al cielo siamo ben saldi alla nostra corda d'argento, che non ci molla fino a quando avremo da imparare sulla terra.

Come posso vedere la perfezione in ogni cosa e come posso far sì che smettano di accadere situazioni spiacevoli? Io credo che la vera forza sia nel prevenirle. Ci sono tecniche avanzatissime per liberarci dal karma prima di doverlo vivere, come il Kriya Yoga, l'ho'oponopono e molte altre. Tutte contemplano la possibilità di attingere con un cuore sincero e un Amore immenso verso il creatore da una sapienza antica riconducibile ai grandi Maestri scesi sulla terra.

Nella vita quotidiana ovviamente tener presente la Legge di causa ed effetto è molto importante. Ma la cosa più potente che abbiamo a nostra disposizione è l'Amore. Dio è Amore e quando noi riversiamo il nostro/suo Amore (tutto è Uno e io, se Sono, Sono l'Uno) su altre persone, stiamo riversando Dio su di loro. Stiamo donando il suo canto, un canto che è la sua creazione, stiamo annullando la dualità e ogni forma di vibrazione. È come se attingessimo dal suo infinito Amore per regalarlo attraverso il nostro amore a chi ne ha bisogno.

Donare Amore è lo strumento più potente che esista. Diffondere e condividere l'Amore è ciò che lo moltiplica!

Il nome di Dio

Molto interessante a questo punto è analizzare una tecnologia che Mosè ci ha tramandato attraverso quello che da lui ci deriva essere il nome di Dio.

> *Ora Mosè stava pascolando il gregge di Letro, suo suocero, sacerdote di Madian, e condusse il bestiame oltre il deserto e arrivò al monte di Dio, l'Oreb. L'angelo del Signore gli apparve in una fiamma di fuoco in mezzo a un roveto. Egli guardò ed ecco: il roveto ardeva nel fuoco, ma quel roveto non si consumava. Mosè pensò: "Voglio avvicinarmi a vedere questo grande spettacolo: perché il roveto non brucia?". Il Signore vide che si era avvicinato per vedere e Dio lo chiamò dal roveto e disse: "Mosè, Mosè!". Rispose: "Eccomi!". Riprese: "Non avvicinarti! Togliti i sandali dai piedi, perché il luogo sul quale tu stai è una terra santa!". E disse: "Io sono il Dio di tuo padre, il Dio di Abramo, il Dio di Isacco, il Dio di Giacobbe". Mosè allora si velò il viso, perché aveva paura di guardare verso Dio.*
>
> *Il Signore disse: "(...) Ora va'! Io ti mando dal faraone. Fa' uscire dall'Egitto il mio popolo, gli Israeliti!". Mosè disse a Dio: "Chi sono io per andare dal faraone e per far uscire dall'Egitto gli Israeliti?". Rispose: "Io sarò con te. Eccoti il segno che io ti ho mandato: quando tu avrai fatto uscire il popolo dall'Egitto, servirete Dio su questo monte".*

Mosè disse a Dio: "Ecco io arrivo dagli Israeliti e dico loro: 'Il Dio dei vostri padri mi ha mandato a voi'. Ma mi diranno: 'Come si chiama?'. E io che cosa risponderò loro?". Dio disse a Mosè: "Ehyeh asher ehyeh! (...) Questo è il mio nome per sempre; questo è il titolo con cui sarò ricordato di generazione in generazione".
Esodo 3, 1-14

Questo "*codice*" è quello che molti studiosi oggi conoscono come il "codice di Mosè".

Ehyeh asher ehyeh

in inglese diventa

I am that, I am[33]

e in italiano diventa

Io sono quello, Io Sono!

Diverso concettualmente dal più conosciuto "*Io Sono colui che Sono*".

È piuttosto interessante il fatto che molti di noi abbiano una certa familiarità con esso e abbiano letto dei miracoli che si sono verificati fin dalla sua prima applicazione - si tratta di alcuni degli eventi storici più incredibili. Tuttavia poche persone sanno dell'esistenza del Codice che ha innescato queste

33 Traduzione in *King James Version*, KJV. La versione di re Giacomo è la traduzione della Bibbia in inglese per eccellenza.

> *circostanze miracolose; e quando viene applicato, può attrarre tutto quello che i nostri cuori hanno sempre desiderato. Perché sia rimasto nascosto e inutilizzato così a lungo, è uno dei più grandi misteri dei nostri tempi.*
>
> — James F. Twyman

Nella cultura ebraica ma non solo, perché questo è altrettanto vero in tutte le culture sciamaniche, il nome è la sintesi verbale dell'Essenza dell'individuo. Quindi quando Dio pronuncia il suo Nome di fronte a Mosè, gli fa conoscere la Reale Identità suprema.

> *Quelli che conoscono il tuo nome confideranno in te, poiché certamente non lascerai quelli che ti cercano.*
>
> — Sl 9:10

E Gesù stesso dichiara:

> *Io ho fatto conoscere loro il tuo nome e lo farò conoscere. Affinché l'Amore col quale mi hai amato sia in loro e io unito a loro.*
>
> — Gv 17:26

E quando Dio dice a Mosè il suo nome, non risponde a una domanda, ma il testo recita: "*Dio* ***disse***…".

Dio dichiara, decreta e afferma la propria Essenza, l'Essenza dell'Uno che è Tutto e perciò che è ognuno di noi.

La dichiarazione "Io Sono" di per sé è un potente strumento di accumulo di energia. E questo è noto e risaputo in tutte le saggezze iniziatiche sia orientali che occidentali. Quando affermiamo "Io Sono", stiamo riconoscendo la nostra essenza quale fulcro di Forza e di Presenza, stiamo individuando il luogo dentro di noi dove nulla può farci del male o destabilizzarci. Il luogo in cui la mente stessa è al servizio della nostra globalità e integrità, libera da influenze esterne di qualsiasi genere. "Io Sono" è notoriamente la dichiarazione che ci pone in collegamento diretto e consapevole con la fonte (Kumukahi).

Questo nome è così potente che per millenni questa saggezza è rimasta occultata. Almeno finché alcuni ricercatori hanno scoperto che la differenza tra il concetto "Io sono colui che sono" e "Io Sono quello, Io sono!" era tutta contenuta nella presenza o nell'assenza di una virgola e il codice è tornato alla luce. Quindi il codice di Mosè alla fine è contenuto tutto in una virgola.

Io Sono quello [virgola] Io Sono!

Ehyeh in aramaico è un'espressione dell'azione di "*essere*" che rappresenta un'azione non conclusa, un'azione che si concretizzerà nel futuro. È un'azione che certamente non è finita, ma forse non è neanche cominciata o eventualmente sta avvenendo ora, ma certamente non è conclusa. Per analogia dunque potrebbe essere un'azione eterna che avviene sempre nell'eterno momento di ora.

Io Sono quello, Io Sono

o, al futuro,

Io Sarò quello che Sarò

Si tratta in sostanza di un decreto sulle potenzialità dell'Essere (che è Tutto ciò che è).

Io mostrerò d'essere ciò che mostrerò d'essere.

— Leeser

Io sarò quello che sarò.

— Rotherham

Cioè:

Io Sarò qualunque cosa decida di Essere.

Stiamo parlando di un codice senza tempo, dal presente al futuro, che avviene nell'eterno momento di ora.

Un decreto:

Io sono quello, Io Sono!

Dichiaro che Sono quello, sento e so (mente e cuore in coerenza) di Essere ciò che decreto di Essere (Io sono quello) e lo sigillo con la presa di coscienza dell'Uno o meglio dalla prospettiva della Coscienza Unica (il secondo *Io Sono*).

> *Dio desidera per te la gioia perfetta. Tuttavia non puoi goderne fino a che non condividi il suo volere, poiché senza il tuo consenso, Dio lavorerebbe contro di te piuttosto che con te. (...) È giunto il momento di riallinearti con la visione di Dio, che ti vede come essere perfetto. L'Amore di Dio è Assoluto.*[34]
>
> — James F. Twyman

Quando dichiaro di essere "*quello*", lo dichiaro all'Universo intero, lo ribadisco e lo decreto con l'Io Sono dentro di me

34 James F. Twyman, *Il codice segreto di Mosè*, Edizioni MyLife, 2009.

dalla prospettiva dell'Universo intero (Uno).

> *Qualunque cosa la mente può concepire la può raggiungere.*
>
> — Albert Einstein

Sostituisco quindi nella "formula" "quello" con ciò che Sono (che desidero, ma che in fondo al cuore *so* di essere) e il decreto è formato:

Io sono **sano e in salute**, Io Sono!
Io sono **amato**, Io Sono!
Io sono **sereno**, Io Sono!
Io sono **in armonia**, Io Sono!
Io sono **realizzato**, Io Sono!
Io sono **nell'abbondanza**, Io Sono!
Io sono **innamorato e corrisposto**, Io Sono!
Io sono **colui che ha raggiunto il suo obiettivo**, Io Sono!
Io sono **colui che ha ottenuto un nuovo lavoro**, Io Sono!
Io sono **Amore**, Io Sono!

> *Infatti quando Mosè condivise questo nome con gli ebrei e in seguito con il faraone, iniziarono ad avvenire miracoli tutto intorno.*[35]
>
> — James F. Twyman

Noi viviamo nell'Uno e anche il subconscio è nell'Uno, perciò non sa distinguere da dove gli arrivano gli input. Quindi è fondamentale dare al nostro subconscio informazioni continue e certe. Il codice di Mosè dunque va usato quotidianamente! Ecco perché le "preghiere" costanti sono quelle effica-

---

35 James F. Twyman, *Il codice segreto di Mosè*, Edizioni MyLife, 2009.

ci e da qui deriva il detto che *Dio Ama gli insistenti*!

La potente eredità di Mosè è racchiusa in queste parole da usare come un decreto, con costanza e fiducia nelle nostre potenzialità creative, che si realizza attraverso l'inesauribile potere dell'intenzione.

I decreti della metafisica,[36] che funzionano secondo lo stesso identico principio, chiudono ogni affermazione con la frase

in armonia con la grazia divina e in modo perfetto.

La metafisica ci trasmette la potenza di affermare: *Io decreto di essere "**quello**" in armonia con la grazia divina e in modo perfetto.*

"*In armonia con la grazia divina e in modo perfetto*" della metafisica e "*Io Sono*" del codice di Mosè, allo stesso modo, sintetizzano la potente intenzione che io voglio/so/posso essere ciò che ho affermato di essere!

Questa (*quello*) è la mia volontà e con questa affermazione insistente e costante lo fisso e lo cristallizzo attraverso la mia intenzione consapevole, caratteristica del mio libero arbitrio, ma lascio che il Divino in me porti a termine la missione e raggiunga l'Obiettivo per la strada migliore che lui conosce e io no, in modo che si realizzi solo quello che è in sintonia con la perfezione del Tutto in senso pratico e percepibile.

Io Sono "quello", Io Sono!

Io Sono felice, *Io Sono!*

---

36 Dottrina nata in America Latina nel secolo scorso e diffusa nel mondo da Emmet Fox, Conny Mendez e Ruben Cedeno.

Conclusione

"Ricordati chi sei" (Presenza) e del potere racchiuso in te (Consapevolezza)!

Non preoccupiamoci di niente, perché tutto quello che ci serve e quello che stiamo cercando lì fuori è prima di tutto dentro di noi. A noi la scelta di ri-conoscerlo!

Indipendenza significa sapere, potere e godere anche nel restare "*soli*", con la consapevolezza che non si è mai soli, perché Tutto è Uno!

L'indipendenza è il primo passo verso l'immortalità.

E l'indipendenza è il più grande tesoro che un individuo possa guadagnarsi. L'indipendenza è la realizzazione dell'Essere, è la strada per riconoscersi, è la via per riscoprire la propria Reale Identità. Indipendenza a 360° significa Amore, significa realizzazione, significa auto-riconoscimento della propria grandezza (Uhane Nui Au per gli hawaiani).

Allo stesso tempo indipendenza non significa isolamento, menefreghismo o insensibilità verso gli altri. Anzi, più raggiungiamo la vera indipendenza emotiva, più siamo circondati dall'Amore vero e più siamo in grado di compassione verso il prossimo.

Chi Ama non può dipendere. Perché Amare presuppone essere liberi, essere indipendenti.

Dobbiamo imparare a uscire almeno percettivamente dalla dualità che inculca l'idea della separazione e che ci allontana dagli altri. Così anche il concetto di indipendenza cambierà aspetto.

Ma la via dell'indipendenza rimane una pratica per uscire percettivamente dalla convinzione della dualità. Solo in questo modo, riconoscendo che io sono te e tu sei me, perciò io non ho bisogno di te e tu non hai bisogno di me, potremo rispettare le diversità e riconoscerne l'enorme ricchezza che veicolano. Da questa prospettiva non potremo più credere alle provocazioni e riusciremo a rispondere loro con un sorriso, lasciando finalmente andare tutte le ferite del passato, e potremo riconoscerci finalmente guariti nell'Amore che tutti indistintamente Siamo. Aiuto, collaborazione e perdono diventeranno azioni ovvie, che non avranno nemmeno bisogno di essere messe in discussione, perché ci sgorgheranno naturalmente da dentro. Non ne vedremo nemmeno la possibilità di alternativa.

Amiamoci, accettiamoci per riconoscerci! Questo è tutto quello che c'è da "*fare*", dove "*fare*" significa solo *essere*!

Se la realtà che stiamo vivendo non ci piace, è comunque la nostra grande ricchezza per manifestare la beatitudine che deriverà dal riconoscere chi Siamo (*cerca il regno di Dio, il resto ti sarà dato in aggiunta*) e questo ci porterà a cambiare le cose, con la sicurezza che se stiamo compiendo questa esperienza è perché abbiamo le potenzialità di compiere grandi cose. Il mondo ha bisogno soltanto che noi stiamo bene e che ci impegniamo a manifestare la nostra grandezza e la nostra beatitudine, perché l'energia che si origina da me è collegata a tutte le cose nell'Universo, ed è l'unica potenza che crea continuamente. E questa potenza è l'*Amore* che Io Sono. L'Amore che riceviamo e che doniamo diventa finalmente Amore vero, perché non ne abbiamo più bisogno. Il simile attrae il simile! Questo è! Così è e così deve/può essere!

Una scuola chiamata "Vita" - Regolamento

1. Riceverai una divisa che chiamerai corpo, che ti permetterà di interagire in questo nuovo Mondo.
2. Questo nuovo Mondo (comprese le persone e le situazioni) sarà tutto dentro di te, anche se lo vedrai svilupparsi fuori.
3. Frequenterai una scuola che avrà sede sul pianeta Terra e che chiamerai "Vita".
4. Ogni persona che incontrerai e ogni situazione che sperimenterai saranno dei docenti del corpo insegnanti di questa scuola.
5. Tutto ciò che accade all'interno della scuola "Vita" riflette la tua interiorità e accade per darti la possibilità di portare la tua attenzione a quelle caratteristiche cui non ne stai rivolgendo a sufficienza. Gli altri sono il tuo specchio. Le situazioni che vivi sono il tuo specchio.
6. Non ci sarà mai niente di sbagliato in ciò che vivrai, ma soprattutto le situazioni che ti appariranno illusoriamente sbagliate saranno le lezioni più proficue.
7. Gli insuccessi saranno solo i primi indispensabili passi per raggiungere il successo!
8. Anche quando ti sembrerà di subire ingiustizie, non sarai mai una "vittima", semplicemente non starai comprendendo la lezione.
9. Ogni lezione verrà ripetuta finché non l'avrai assimilata. Lo stesso insegnamento può giungere attraverso lezioni apparentemente diverse. Inizialmente le lezioni saranno facili, ma se continui a non comprendere diventeranno inevitabilmente sempre più difficili. Solo la comprensione dell'insegnamento porrà fine al ripetersi delle lezioni.

10. Quando ti sembrerà di avere delle difficoltà, dei problemi, saranno invece solo i tuoi insegnanti che rifletteranno ciò che è presente dentro di te e a cui tu non stai dando la necessaria attenzione. Se cambierai queste caratteristiche interiori i tuoi insegnanti (i problemi), che avranno portato a termine il loro compito, ti promuoveranno e probabilmente non li incontrerai più.
11. La sofferenza è lo strumento che nella scuola "Vita" viene utilizzato per attirare la tua attenzione quando gli strumenti più soft non hanno dato risultati accettabili per la tua formazione.
12. Ti sarà chiaro di aver imparato una lezione quando cambierai il tuo modo di vedere le cose all'interno della scuola.
13. La saggezza sarà il risultato dell'esperienza consapevole.
14. Qui è il posto migliore in cui tu possa stare. Non c'è nessun là che ti permetta di stare meglio che qui!
15. Ora è il momento migliore che tu possa vivere. Non c'è nessun dopo e nessun prima in cui tu possa stare meglio di *ora*.
16. La scuola (Vita) ti fornisce la tela... decide lei (o meglio lo avete deciso insieme, ma tu non te lo ricordi) le dimensioni e il materiale di cui è fatta. Ti fornisce anche i colori base (li riconoscerai come i tuoi talenti), ma poi il quadro devi dipingerlo tu. Certo, se la Vita ti ha dato il rosso e il giallo non sarà efficace voler a tutti i costi dipingere il mare blu, ma potenzialmente potrai rappresentare i più bei tramonti di sempre! Ovvio che, se non ti assumi la responsabilità di dipingere il quadro, lo farà qualcun altro al tuo posto... probabilmente con i suoi colori!
17. Il regolamento scolastico richiede di agire sempre nel mi-

glior modo possibile in base alle tue possibilità; in cambio verrai promosso e di corso in corso le tue possibilità si espanderanno senza limiti.

18. Il Piano di Offerta Formativa è scritto a chiare lettere dentro di te. Lì ci sono tutte le risposte alle tue domande: impara a consultarlo all'occorrenza, guardando dentro di te, ascoltando te stesso e avendo fiducia in te stesso... in presenza.
19. Ti dimenticherai di questo regolamento il primo giorno di scuola.
20. Ti ricorderai di questo regolamento quando vorrai farlo... Oppure quando leggerai ***La perfezione del Tutto*** fino alla fine!

'O ka Maluhia no me 'oe
La Pace sia con te

Bibliografia e sitografia

Aldo Riboni, *Tutto è uno, ogni cosa è Tutto*, www.nonsoloanima.tv

Ellam Onru, testo anonimo indiano del XIX secolo

La Bibbia

Il Tao

Bhagavad Gita, traduzione di Paramhansa Yogananda, Vidyananda Edizioni

Il Vangelo di Tommaso, a cura di Mario Pincherle, Bis Edizioni

Il Vangelo esseno della pace, a cura di Edmond Bordeaux Szekely, Michele Manca Edizioni

Il Vangelo di Maria Maddalena, a cura di Edmond Bordeaux Szekely, Michele Manca Edizioni

Il Vangelo di Giovanni, a cura di Rudolf Steiner, Antroposofica Editrice

Il Vangelo di Matteo, a cura di Rudolf Steiner, Il Cerchio della Luna

Il quinto Vangelo, a cura di Rudolf Steiner, Antroposofica Editrice

Giovanna Garbuio, *Gioco di ruolo*, Nui Loa srl

Giovanna Garbuio, *Ho'oponopono occidentale*, Edizioni Il Punto d'Incontro

Giovanna Garbuio, *Ricomincio da me*, Uno Editori

Giovanna Garbuio, *Ho'oponopono: tutte le strade portano all'Amore*, Bis Edizioni

Giovanna Garbuio, Rodolfo Carone e Francesca Tuzzi, *Le storie di Maui: 111 gradini per la felicità*, Edizioni l'Età dell'Acquario

Giovanna Garbuio, *Connessione alla Vita*, Nui Loa srl

Giovanna Garbuio, *Gli specchi esseni*, Edizioni Il Punto d'Incontro

Dario Canil, *Risognare la realtà*, Edizioni l'Età dell'Acquario

Dario Canil, *Avrah Ka Dabra. Creo quel che dico*, Edizioni l'Età dell'Acquario

Dario Canil, *Avrah Ka Dabra. Creo la mia felicità*, Edizioni l'Età dell'Acquario

Paramhansa Yogananda, *Autobiografia di uno Yogi*, Ananda Edizioni

Paramhansa Yogananda, *L'eterna ricerca dell'Uomo*, Astrolabio Ubaldini Edizioni

Nessuno nasce, nessuno muore. Insegnamenti di Nisargadatta Maharaj, a cura di Ramesh S. Balsekar, Edizioni Il Punto d'Incontro

Sri Ramana Maharshi, *Discorsi con Sri Ramana Maharashi*, Vidyananda Edizioni

Jiddu Krishnamurti, *La visione profonda*, Astrolabio Ubaldini Edizioni

Ramana Maharshi, *L'insegnamento di Sri Ramana Maharshi*, Vidyananda Edizioni

S. Pillai, G. Seshayya, *Chi Sono io?*, Edizioni Il Punto d'Incontro

Sii ciò che sei, a cura di David Godman, Edizioni Il Punto d'Incontro

Jayadev Jaerschky, *Kriya Yoga*, Ananda Edizioni

Swami Kriyananda, *Supercoscienza*, Ananda Edizioni

Swami Kriyananda, *L'intelligenza intuitiva*, Ananda Edizioni

Tutto quello che hai letto in questo libro se è affine alla tua sensibilità lo è perché sono cose che conosci già. A me forse il merito di avertele fatte ricordare in maniera semplice e lineare. E se così è andata, tieni comunque presente che è accaduto solo perché tu hai deciso in qualche modo che accadesse. Se ti è rimasta ancora qualche domanda priva di risposta, prova a guardare più in profondità dentro te stesso e se la risposta ancora non compare, forse devi attirare qualche altro strumento utile a proseguire la tua crescita e la tua ricerca, utile a riportare alla tua mente ciò che già sai… Ma comunque sia… le risposte sono tutte addormentate dentro di te!

Quando ti trovi di fronte ad una scelta...
guardati dentro e chiediti:
"Cosa farebbe l'Amore?".
Se segui il consiglio che ne deriverà
farai sempre la scelta giusta
che ti porterà dritta dritta
a realizzare tutti i tuoi obiettivi!

Aloha – Namastè – In lak'ech – Kanyini –
Ubuntu – Gassho
Sat nam – Wiracocha – Mitakuye Oyasin

Riconosco e mi inchino al Divino in te!

Note sugli autori

Giovanna Garbuio è autrice di diverse pubblicazioni di successo, tutte con l'unico intento di diffondere la filosofia di Ho'oponopono, che considera uno strumento che ci è stato consegnato per realizzare con gioia il nostro progetto di vita. Su questo tema conduce seminari molto seguiti in tutta Italia.

Vivek Riccardo Sardonè ha studiato filosofia e informatica. È Kriyaban ed è nel discepolato di Yogananda. Il Kriya Yoga, il Raja Yoga e la meditazione fanno parte della sua vita. Studioso di sciamanismo, testi sacri, geometria sacra ed esoterismo ad ampio raggio. Su questi temi è relatore e scrittore.

www.riccardosardone.com
www.giovannagarbuio.com
www.hooponoponooccidentale.it

giovanna.garbuio@gmail.com
riccardosardone@gmail.com

Iscriviti alla newsletter e scarica l'ebook gratuito *Gioco di ruolo*:
http://giovannagarbuio.com/giocodiruolo/

Appuntamenti dal vivo
http://riccardosardone.com/events/
http://giovannagarbuio.com/seminari/

Potete richiedere il catalogo gratuito delle nostre pubblicazioni:

Edizioni Il Punto d'Incontro
Via Zamenhof 685, 36100 Vicenza,
Tel. 0444239189, Fax 0444239266
www.edizionilpuntodincontro.it